A Door to the Future

未来へのトビラ
File No.004

18歳選挙世代は日本を変えるか

原田曜平
Yohei Harada

ポプラ選書

カバー装画　田中寛崇
カバーデザイン　bookwall

18歳選挙世代は日本を変えるか／目次

第3章 「18歳選挙世代」の若者のリアルな政治意識とは

第4章

18歳選挙を盛り上げ、若者の政治離れを防ぐには？

序章

新たな有権者240万人は日本社会にどんな変化をもたらすか？

初めての選挙の記憶

2016年7月の参院選から、選挙権年齢《ねんれい》が18歳《さい》に引き下げられることになりました。これを機に、私は自分が初めて選挙権を得た20歳の時、いったいどんな心境だったのかを思い出そうとしてみました。

ところが残念なことに、私は自分の初めての選挙を覚えていませんでした。どきどきしたとも、特に面白かったということもなく、なんだか堅苦《かたくる》しい投票所に行き、ただ惰性《だせい》かつ義務的な投票行動を行い、投票した後、ちょっとだけ大人になったような気になった……選挙前に予想していた通りの選挙体験過ぎて、あまり面白くなかったのだと思います。

ふと気がついたら、ただ選挙権のある年齢になっており、そこには大して何の感情もなかった、そんな感じでしょうか。私と同じ「団塊《だんかい》ジュニア世代」の知人にも聞いてみましたが、だいたい似たりよったりの印象だった人が多くいました。

ところが、今回、18歳で選挙権を得る若者は、私たちとは違《ちが》う意識で選挙を迎《むか》えることになる人が多いような気がしています。かつての私たちは気がつけば投票のできる年齢になっていたわけですが、彼らとしては、「選挙が向こうからやって来てくれた」というポジティブな感覚を持っている人が多いでしょう。

今年新たに有権者になった18、19歳の若者が投票に参加することで、日本社会はどう変わっていくか、日本と世界の若者の意識やライフスタイルについて研究・マーケティングをしてきた私なりに、検証してみようと思います。

若者は政治離れしている？

今回の公職選挙法の改定は、実に70年ぶり、5度目のことです。日本で最初に行われた選挙は、明治憲法発布の翌年、1890年の第一回衆議院選で、15円以上（現在の約100万円程度）の国税を納めている25歳以上の男性だけしか投票することができませんでした。有権者数は45万人で、全人口のたった1・1％ほどでした。その後、条件の緩和《かんわ》が求められる中、1925年、第一次大戦後の大正デモクラシーのうねりを受け、納税額にかかわらず25歳以上の男性の選挙権が認められるようになりました。女性の選挙権が認められるようになったのは、それからさらに20年を要し、1945年の終戦直後、4度目の改定の時でした。この時、選挙権年齢が現行の「20歳以上の男女」に変わり、大きく有権者を増やしました。それまでは女性が投票できなかったわけですから、この時の改定は大変な社会的インパクトを持っていたわけです。有権者の比率も47％を超《こ》えるまでになりました。

今回の改定では、1票を投じる権利を得た18、19歳の有権者の総数は、約240万人です。全人口の有権者比率が80％を超える中で、18、19歳の有権者は約2％にあたります。

「人類が体験したことがないほどの超高齢化《ちょうこうれいか》が進む日本で、少しでも人口の少ない若い世代の声が政治に反映されるために重要な改定である」

「高齢者人口が多く、高齢者の声が通りやすい今の日本で、行き過ぎたシルバーデモクラシーを打ち破る素晴らしい機会だ」

という肯定的《こうていてき》な意見がある一方で、

「18、19歳の若者の人口は少ないので、選挙結果への影響《えいきょう》は、あまりないのではないか」

「有権者が240万人増えても、若者の投票率は低いので、あまり影響はないのではないか」

「投票率の低い若者が有権者になることで、むしろ全体の投票率が低くなるだけではないか」

という心配の声も多く聞かれます。

こうした背景には、「若者の政治離《ばな》れ」があると言われています。

ここ十数年、各選挙での投票率は、ジグザグしながらも右肩下《みぎかたさ》がりになってきていますが、中でも若い世代ほど投票率が低くなってきています。

民主党が３０８議席を獲得《かくとく》して（自民・公明の与党《よとう》は１４０議席）、第一党となった２００９年の総選挙では、日本の政治史上で初めて、国政選挙における政権交代が実現されるかもしれないという大きな話題の下、20代の投票率は49％、30代で63％と跳《は》ね上がったものの、その後はまた下がり、２０１４年の衆院選ではとうとう20代が32％、30代では42％となりました。

一方、60代の投票率は、２００９年総選挙ではなんと84％、２０１４年でも68％と、若者世代との「投票率格差」は１・５～2倍にも及《およ》んでいます。そもそもの人口ボリュームが違《ちが》う上に、投票率がこれだけ違うことが、「シルバーデモクラシー」と言われる所以《ゆえん》であり、現状では、日本の政治的民意に若者の意見が入りづらくなってしまっていることは否定できません。

こうした数字を見れば、日本の若者が政治離れしていると言われるのは、事実と言わざるを得ないかもしれません。また、これは後ほど詳《くわ》しく述べますが、私はこの15年間、たくさんのハイティーンから20代後半の若手社会人までの若者たちと、業務や研究を通じて密に接してきました。私の肌《はだ》感覚としても、もともと高くない若者たちの政治への関心が、この15年の間に年々低下してきていることを感じています。

こうした中、行政では、この夏の参院選をきっかけに、若者に政治への関心を持ってもらい、低迷が続く若者の投票率をV字回復させようと、さまざまな選挙対策を打ち出しているようです。

総務・文部科学両省は、AKB48や10代の女優の広瀬《ひろせ》すずなどを起用して、政治の仕組みや選挙の意義を解説している高校生向けの副教材を作っていますし、各県の選挙管理委員会との連携《れんけい》で、「出前授業」や「模擬《もぎ》投票」なども行っています。

また、全国の高校では、選挙に関する授業を行うところが増えているようです。生徒をA班とB班に分け、グループの政策を決め、グループの中で誰《だれ》が立候補するかを決め、それを皆《みな》の前で発表し、どちらに投票すべきかをディスカッションする……などといった授業を始めた学校があるようです。

また、公立高校において、校外での高校生の政治活動を届出制にすべきかどうかといったことも、各自治体で検討されています。

各政党でも、それぞれ、若者の声を聞く意見交換《こうかん》会など、交流プロジェクトを打ち出し始めているようです。

私がちょうどこの原稿《げんこう》を書いている4月30日も、たまたま行ってみたニコニコ超会議《ちょうかいぎ》で、自民党、民進党、公明党、共産党、生活の党と山本太郎となかまたちの5党がブースを出

衆議院議員総選挙における年代別投票率（抽出）の推移

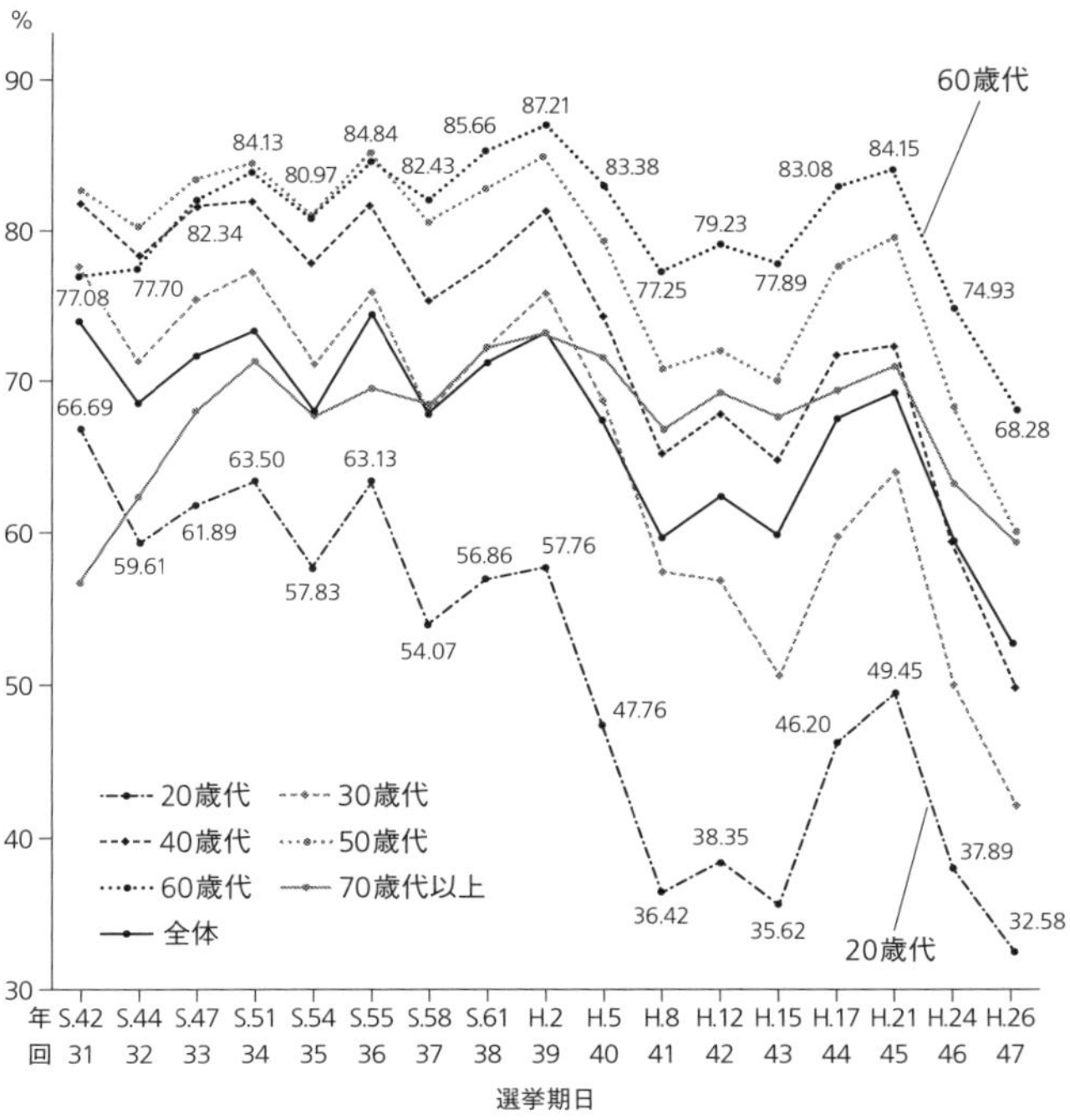

＊この表のうち、年代別の投票率は、全国の投票区から、回ごとに144～188投票区を抽出し調査したものです。

＊第31回の60歳代の投票率は60歳～70歳の値に、70歳代以上の投票率は71歳以上の値となっています。

総務省のHPをもとに作成

展し、若者たちとの議論や交流を深めようとしていました。同時に、18歳選挙権ブースなども出されており、18歳がニコニコ動画で自分の政治的意見を発言できるチャンネルなども作られていました。政治離れしている日本の若者たちですが、生まれて初めてに近いくらい、政治側のほうから関心を寄せられている、と言うことができるかもしれません。

若者研究から「18歳選挙権」によって起こる「社会の変化」を分析

私は現在、博報堂ブランドデザイン若者研究所（「若者研」と略します）という組織でリーダーを務め、100名を超える実際の高校生から若手社会人たち（「現場研究員」と呼んでいます）と一緒に、若者たちの意識や実態を調査・研究し、また、若者向けの商品の開発やプロモーションアイディアの立案などの業務を遂行《すいこう》してきました。

これは「with C（consumer）」という考えに基づいた座組みになっていて、その商品の実際のユーザーである若者の消費者（consumer）と一緒《いっしょ》に、彼らの生の声や感性を大切にしながら、共同でいろいろなアウトプットを生み出していく、というマーケティングの世界でも比較的《ひかくてき》新しい試みを行っています。モノ作りやアイディア作りのスタート時点から、実際に買う人の意見を取り入れていこう、それどころか、その人たちと一緒にモノ作りをしてしまおう、そうすれば、ユーザーの満足度を確実に得ることができるという、よ

各政党の打ち出している若者向け選挙政策

自由民主党

18歳選挙権対策部（村井英樹部長）発足。若者との交流事業「リアルユースプロジェクト」始動。高校生の党本部見学ツアー、学生との意見交換、懇親会など実施。「日本若者協議会」との討論会を開催。ネット投票で公認を決定する『オープンエントリープロジェクト2016』

公明党

青年政策アクションプラン2015提言。若者団体との意見交換会を開催

民主党（現民進党）

「18歳選挙権プロジェクトチーム（武正公一座長）」設置。「SEALDs（シールズ）」との連携重視。民主党大学、民主党ハイスクールを渋谷で開講

共産党

国民連合政府構想をインターネットでアピール。「ブラックバイト」問題を国会で取り上げる

※2016年3月現在

く考えたら商売の基本となる当たり前のことを実践《じっせん》している珍《めずら》しい組織だと自負していま す。

現場研究員の中には、「18歳選挙権」の主役となる18、19歳の若者たち、いわば「18歳選挙世代」も多く在籍《ざいせき》し、活動してくれており、この本ではさまざまなポイントで彼《かれ》らに大変尽力《じんりょく》してもらっています。

また、欧米《おうべい》やアジア各国でもたくさんの若者たちへのインタビューやフィールドワークを日ごろから行っており、世界の若者たちがどんなライフスタイルで、一体何に関心を持っているのか、世界中の若者の「今」を情報収集・分析《ぶんせき》してきました。

この本では、これまでの若者研究の経験と蓄積《ちくせき》を踏《ふ》まえ、今の18、19歳がどういう特徴《とくちょう》を持った世代であるか、彼らにとっての今回の18歳選挙とはどんな存在か、また、彼ら自身や18歳選挙が、日本の社会や経済にどのような変化をもたらす可能性があるかを考えていこうと思います。

私自身、この半年間くらい、さまざまなメディアから「18歳選挙権によって、日本はどう変わりますか?」「日本の経済や消費はどう変わりますか?」「18歳自身はどう変わりますか?」というインタビューをたくさん受けてきたので、その経験を活《い》かし、この本で発信していけたら、と思います。

まず、より広く18歳の動向を分析するために、第1章では次の4つの意識調査の結果を参考にした分析を行っていきます。

【NHK】政治と社会に関する若者意識調査　全国の18、19歳の国民（2016年6月19日時点）1813人　2015年11月4日（水）～12月10日（木）調査
【全国大学生活共同組合連合会（大学生協）】第51回学生生活実態調査　全国の国公立および私立大学の学部学生9741人（30大学）　2015年10～11月調査
【河北新報】宮城県公立高校1、2年生1000人　2016年1月20～26日調査
【内閣府】我が国と諸外国の若者の意識に関する調査（平成25年度）平成25年11月から12月まで各国満13歳から満29歳までの男女1000サンプル（原則）

興味深かった点として、これら各種の意識調査は、これだけ若者の政治離れが叫《さけ》ばれているというのに、必ずしも若者の政治離れを感じさせるものばかりではありませんでした。「18歳選挙権に関心がある」「18歳で選挙権を得てよかった」「投票に行きたい（行くつもり）」と答えた若者が多かったのです。

これらの意識調査と実際の若者たちとの行動にどれだけの誤差があるかはわかりません。

しかし、これだけメディアで18歳選挙権がとり上げられ、学校の授業などでも議論されているわけですから、若者たちの間で何か変化が起こっている可能性もあるかもしれません。

また、18歳選挙権の話題と前後して、２０１５年には若者の政治活動グループ「SEALDs（シールズ）」が大変注目を集めました。国会前でのデモや座り込《こ》みを行い、彼らのラップを用いたパフォーマンスが話題になり、「若者の代表」や「若者の声を代弁している」と言われています。社会やメディアからシールズが注目を集める中、一般《いっぱん》の若者たち自身が、同世代であるシールズについてどう見ているのか、彼らのどんな影響を受けているのかについても考えてみたいと思います。

いずれにせよ、政治意識や政治行動という視点から、今の若者たちの特徴を分析していくのが第1章の役割です。

一方、今年のアメリカ大統領選では、民主社会主義者を自称する民主党のサンダース候補が、若者の支持を受けて、日本のメディアでも一躍《いちやく》有名になっています。サンダース候補を支持している主な層は、高い学費にあえいでいる学生や経済苦の若者たちだと言われています。

今、アメリカの若者たちは、「ミレニアルズ」と呼ばれています。「ミレニアルズ」の語源は、「一千年間の」という意味を持つ「ミレニアル」であり、１９８０～90年代に生まれ２０００年以降に成人となった、現在の20〜35歳くらいの米国の若者のことを指しています。これは日本で言うところの団塊ジュニアの下である「ポスト団塊ジュニア世代」（１９７６〜85年生まれ）から「ゆとり世代」（１９８７〜96年生まれ）くらいまでの世代にあたります。現在の米国の総人口は約3億人ですが、そのうちの4分の1を「ミレニアルズ」が占《し》めており、米国最大の人口群として大変注目を浴びています。

また、アメリカだけでなく、欧州《おうしゅう》、アジア各国などのその他エリアでも、今、若者たちが社会や現行政治への不満から行動することにより、実際の政治に大きなインパクトを与《あた》えるようになってきています。

第2章では、このような海外の若者のライフスタイルや価値観、政治意識や行動がその国の社会に与えている影響について、ごく最近の海外における若者へのインタビュー調査の成果からご報告していきたいと思います。特に海外では、すでに18歳に選挙権を与えている国がほとんどで、世界の若者の意識や実態を知ることは、日本の18歳選挙における若者たちの意識や行動を予測し、その後の日本の社会を考えていく上で、大変参考になると思います。

第3章では、若者研に所属する現場研究員の中から、特に18、19歳のメンバーを中心に、彼らの友達にも集まってもらって、18歳選挙権やそれが与える日本社会への影響について議論をしました。

実際の若者たちが、18歳選挙権をどう受け止めているのか、今の政治や日本社会について何を考えており、どんなアイディアを持っているのか、彼らの生の言葉を通じて、読者の皆様に肌感覚で彼らを理解していただくには、この議論がきっと役に立つと思います。

詳しくは本文で述べますが、日本の若者の政治離れが進んでいるのは、若者があえて政治に強い問題意識を持たずとも、失業率が高過ぎるヨーロッパの若者や、大学の学費が高過ぎるアメリカの若者と比べると、相対的に「親の庇護《ひご》や、そこそこの有形・無形のセーフティーネットの下、それなりに安定して生活していける」ということを意味しているのかもしれません。

しかし、今回とり上げた各種アンケートや実際の若者たちとのディスカッションの結果からは、現在の若者が「今の生活に満足度は高いものの、将来を非常に不安に思っている」という姿が見えてきました。今の若者たちの、大きな将来不安がある上で感じています。満足度の高さというものは、「心の底から本当には満足していない」ことを意味しています。不安定で不透明《ふとうめい》な世の中を生きてきた今の若者たちは、おそらく直感的に、自分たちが大変刹那的《せつなてき》かつ享楽的《きょうらくてき》に満足していること、そしてその状態が永続的なものではないことをうすうす感じ始めてきているのでしょう。

世界の中でも少子高齢化のトップバッターにいる日本は、医療《いりょう》・福祉《ふくし》・教育・環境《かんきょう》等において課題先進国と言われています。まだ世界中どの国も経験していない課題を、世界のトップバッターとして日本が堂々と乗り越《こ》えていくために、日本の若者たちには日本という国の未来により関心を持ってもらうことが重要です。

今回の選挙権年齢の引き下げを、日本が世界の先駆《さきが》けとして課題を解決していく大きなチャンスに変えるために、今、日本社会と日本の大人たちに何ができるか、本書の第4章ではその答えを若者たちと考え、読者のみなさんに投げかけていきたい、と思っています。

第1章

「18歳選挙世代」は政治に無関心？ でも、選挙への意欲は高い！

18歳とは、同世代間で最も多様化が進む年齢

「18歳《さい》選挙権」の主人公である「18歳選挙世代」の若者とは、そもそもどんな特徴《とくちょう》を持った人々なのか。彼《かれ》らの考え方や行動の特徴を、「年齢《ねんれい》」「時代」「世代」の3つの観点から分析《ぶんせき》してみましょう。

まず、「年齢」という観点から見てみます。18歳という「年齢」の最も大きな特徴は、生まれ月や個人の選択《せんたく》などによって、高校生・浪人生《ろうにんせい》・大学生・短大生や専門学校生、社会人、フリーターなど、同じ歳《とし》の中でも境遇《きょうぐう》やライフステージが混在している点にあります。つまり、同い歳であるにもかかわらず、それぞれが置かれている環境《かんきょう》によって、価値観がバラバラになる、人生で最も初期のステージと言うことができるでしょう。

例えば、今時の高校生の生活は、昔とさほど変わりません。朝はある程度規則正しく起き、授業への出席は大学より重視され、放課後は部活や受験勉強に費やされるケースが多く、そもそもバイトが禁止されている学校も多く、行動範囲や人間関係は基本的には学校内に閉じており、あまり広がりがありません。

私立大学の附属《ふぞく》高校などでは、受験勉強がない分、遊びの中や街で知り合った違《ちが》う学校の子やバイト先の友人と携帯《けいたい》やSNSでつながり、頻繁《ひんぱん》に遊ぶなど、今の大学生と近いラ

イフスタイルを送っている子もいますが、それは全体の一部に過ぎません。

一方、大学生になると、高校時代には学業や部活中心だった生活が、一気に多様化します。ほとんど大学に行かずに毎日だらだら過ごす人、バイトとサークルだけの生活を送る人、体育会系でスポーツ一色に生きる人……ここまではかつての大学生も同じだったように思いますが、今の大学生が昔の大学生と最も大きく変化した点は、ＳＮＳの普及《ふきゅう》により、会ったばかりの相手とその後もずっとつながり続けられるようになることです。大学やサークル、ゼミ、バイトなどの所属先が同じ人とつるむ傾向《けいこう》が強かったこれまでの大学生と違い、所属先以外の人ともつるむ。人間関係が大幅《おおはば》に広がるタイプの人が出てきます。

また、高校・大学中退や高卒で社会人になっている人は、高校生や大学生とはさらに一線を画します。「大学生と比べると、中卒や高卒などで早くから社会に出た人は、精神的に成熟するのも早い」などということがよく言われます。もちろん、これは個人差も大きいと思いますが、確かにこうした傾向はあるようには思います。

このように、同い歳であるにもかかわらず、それぞれの置かれている環境によって、対人関係や視野や金銭感覚や責任感など、社会に対するものの見方が大きく変わる最初のステージが18歳です。当然、置かれている状況《じょうきょう》によって、政治や選挙への関心や態度が変わってきても不思議ではありません。

例えば、学生にとっては、金銭的に困窮《こんきゅう》した家庭が増え、奨学金《しょうがくきん》をもらう学生が急増しているので、学費や奨学金が一番身近な政治問題になるかもしれません。また、働いている人の中には、すでに親から独立し、自分で家賃や生活費を賄《まかな》っている人や、自分の家庭を持っている人もいます。こうした人たちは、選挙の際も、世帯主とか父親の目線で、候補者や党の政策を見る可能性が大きいでしょう。

年齢が同じでも、環境が違えば選挙や政治に対する価値観が大きく変わってくる。これはどの年齢にも言えますが、特に18歳は、個人の資質的な差よりも、置かれた環境によってできる差が大きい最初の年齢であることは覚えておいてもよいかもしれません。

不景気な時代を生きてきた「18歳選挙世代」の特徴

次に「世代」や「時代」という観点から話してみたいと思います。

今の「18歳選挙世代」は世代論の観点から言うと、「脱《だつ》ゆとり世代」と呼ばれる最初の世代です。

第一次安倍《あべ》政権の時に批判が多かった、いわゆる「ゆとり教育」の廃止《はいし》が決定され、1996年度生まれ以降は、高等学校において「脱ゆとり教育」を受けることになりました。つまり、2016年現在、新たに選挙権を持つ18、19歳は「脱ゆとり世代」の先駆《さきが》けの若者ということになります。

彼らの生きてきた時代は、1990年初頭にバブルがはじけ、そこからデフレが長く続いた2010年ごろまで、「失われた20年」と呼ばれた平成不況《ふきょう》の時代でした。

さらに、彼らが生まれる前年の95年は、阪神《はんしん》・淡路大震災《あわじだいしんさい》やオウム真理教による地下鉄サリン事件があり、その後も、9・11、円高、リーマンショック、東日本大震災など、社会が大きく揺《ゆ》れ動くような出来事がたくさん起こりました。

日本は世界第3位のGDPを誇《ほこ》る国なので、不景気が長く続いたとは言え、物質的な豊かさはベースとしてありましたが、高度成長期やバブルを体験してきた中高年のような、右肩上《みぎかたあ》がりの景気感を「18歳選挙世代」は全く知りません。

物欲はあまりなく、車やブランド品もあまり欲しくない、海外にあまり興味がない、お酒もあまり飲まない、恋愛には淡泊《たんぱく》。無駄《むだ》な消費や行動はできるだけ避《さ》け、そこそこ平和で穏《おだ》やかな生活を幸せだと感じる——。彼らの望む生活や消費行動は、このような感じだと言われています。

ようやくこの数年、アベノミクスでマクロ経済のさまざまな指標が上がったこともあり、若者のバイトの時給も、エリアによっては上がってきています。だからと言って、派手にパーッとお金を使いたいと思うようになっている若者は多くありません。上の世代のような「がんがん稼《かせ》いでがんがん使うぞ」という上昇志向や消費意欲は大幅《おおはば》に減ってきているのです。

こうした特徴を持つ「18歳選挙世代」は、「脱ゆとり世代」とともに、「さとり世代」にも属すると言われています。これは欲望やエネルギーが多いはずの若者世代なのに、何だかさとったような言動をとるようになった若者たち、という意味です。「さとり世代」は2ちゃんねる上で生まれた造語で、拙著『さとり世代――盗んだバイクで走り出さない若者たち』（角川oneテーマ21）をきっかけに2013年のユーキャン新語・流行語大賞にノミネートされました。いわゆる1983～95年生まれの「ゆとり世代」と「脱ゆとり世代」を指す言葉だと、一般的に言われています。

私は欧米《おうべい》やアジアでも若者研究を行っていますが、実はこの「さとり世代」は、先進国の若者に共通した現象です。第2章で詳《くわ》しく触れますが、アメリカやイギリスなどの先進国で「ミレニアルズ」と呼ばれている若者世代は、日本の「さとり世代」とかなり近い特徴を持つようになってきています。

つまり、多くの国が発展するに従って通過する同じようなルートがあります。それは貧しいステージから経済発展が起こり、ある程度経済的豊かさを実現すると、経済の低成長期に入り、成熟国家と呼ばれるようになるという道です。日本もアメリカもイギリス、フランスもすでに、そして、そろそろ韓国《かんこく》も中国も、経済発展ステージが終わり、経済の低成長期に入りつつあります。

経済が低成長期の成熟国家では、一般的に若者たちはがつがつ頑張《がんば》らなくなり、まったり過ごすようになります。なぜなら、経済成長期においては、頑張った分の見返りが多く得られますが、低成長期においては、頑張った分に見合う見返りがあるとは限らないからです。

また、そもそもすでに豊かな世代ではあるので、あれもほしいこれもほしいという、貧しかった世代が持っている欲自体が減り、頑張り過ぎるよりも、ほどよく働いてまったり過ごしたい、ワークライフバランスを重視したいと考える若者が増えるのです。

このように、世界の先進国の若者たちはもちろん、日本の18歳も含《ふく》まれますが、不安定で不透明な時代の影響《えいきょう》を受け、「さとり世代化」していると言えます。

少子化とマイノリティ意識

「18歳選挙世代」の特徴に、「マイノリティ意識が強い」というものがあります。

そもそも、若者というのは自分たちが世界の主役・中心だと思い込《こ》み、自意識過剰《かじょう》に生きるものです。少なくとも戦後の若者は、多かれ少なかれ、こうした特徴があったように思います。主役意識を持っているはずの若者が、マイノリティ意識を持ってしまっている最大の理由は、今の若者の人口が非常に少ないということに起因します。

日本で最大人口を誇《ほこ》る１９４７〜49年生まれの「団塊《だんかい》世代」は、１学年で２６０万人以上いますし、第2の人口ボリュームを誇る１９７１〜74年生まれの「団塊ジュニア世代」も、１学年で２００万人以上います。これに対して現在の18歳の人口は約１２０万人で、「団塊世代」や「団塊ジュニア」と比べると、人口ボリュームは4〜6割程度。このように、今の18歳は人口構成上、マイノリティになってしまっているのです。

例えば、彼らが子どものころにみんな夢中になっていた仮面ライダーや戦隊ものなどでは、彼らの母親受けする若いイケメン俳優が起用されるのが慣例となっています。これはつまり、子どもだけを狙《ねら》ったのでは、人口が少な過ぎて世帯視聴率《しちょうりつ》が獲得《かくとく》できないので、人口の多い母親世代も一緒《いっしょ》に視聴させる、言わば「親子視聴」を狙った戦略です。１９７７年生まれで、人口の多い団塊ジュニア群である私の小さいころの戦隊ものでは、子どもだけが単独でマーケティングターゲットにされていましたが、今ではそれが難しくなってきているのです。

他にも、人口が多い「団塊ジュニア世代」が子どものころには、さまざまな新製品や新サービス、社会的なブームが生まれていました。コンビニ、無印、サンリオ、シルバニアファミリー、ビックリマン、少年ジャンプ、ファミコンも「団塊ジュニア世代」とともに生まれ、彼らをメインターゲットとすることで成長してきた市場です。今の18歳以下の子どもに比べると、より多ジャンルで巨大な市場が生まれていたことがわかり、いかに消費の中心に子どもや若者がいたかが想像できると思います。

つまり、人口の減った今の若者は、企業《きぎょう》の観点から言えば、消費者やマーケティングターゲットとして、政治の観点から言えば、政策を訴《うった》えるべき有権者として、ボリュームや票数という意味では魅力《みりょく》が少ないのです。

数の論理として、人口ボリュームの多い「団塊世代」や「団塊ジュニア」が、社会のさまざまなシーンで自然と優先される傾向があり、それに若者たちもうすうす気づいている、ということなのでしょう。

18歳はライン世代

「18歳選挙世代」は、ラインというSNSアプリとともに青春時代を過ごしている、ということも彼らの大きな特徴としてあげられます。

そもそも、世界の「ミレニアルズ」の特徴のひとつに、「デジタルネイティブ」であるというものがあります。これは、彼らが小さいころからパソコンやスマホ、インターネットのある環境で育ち、ＳＮＳを使いこなしたコミュニケーションに慣れている若者たちであるという意味です。

ところが、日本の「18歳選挙世代」は大変特殊《とくしゅ》で、パソコンよりスマホを重視し、ネットやその他ＳＮＳの中でもラインの影響が特別に強い世代です。つまり、デジタルネイティブというより、スマホネイティブ、あるいは、ラインネイティブとネーミングしたほうが正しいかもしれません。

２０１１年に始まったラインは、２０１５年6月にはすでに2億１０００万人（月間）のユーザーがいます。タイ、インドネシア、台湾、スペイン、アメリカなどにも広がっているツールですが、なんといっても日本の国内ユーザーは５８００万人と圧倒的《あっとうてき》です（出典：マクロミル社・インターネット調査）。

ラインは「18歳選挙世代」の9割が使用しており、15～29歳ではその7割以上が「毎日使用する」と答えているＳＮＳツールなので、日本の若者を分析する上で欠かせません。

ラインが他のＳＮＳと大きく違う点は、密室空間であるということです。そもそもＳＮＳの特徴は、違う国・違う年齢・違う階層の、つながりたいと思う人とつながることができるということだったはずです。その意味では、ラインはそもそもＳＮＳとは呼べない存在なのかもしれません。ラインはリアルですでに知っている人同士がつながって、より密接な関係を作っていくという目的のものなので、他のＳＮＳのように情報の外部発信はできません。タイムラインに自分の意見を書き込んだとしても、それが見られるのはラインでつながっている人たちだけなのです。

変容するツイッターやフェイスブックの使い方

外部発信型のＳＮＳであるツイッターでは、うっかり場に合わないことをつぶやいて、炎上状態に陥《おちい》っている人をよく目にします。そのリスクを避けるため、若者たちの中には複数のツイッターのアカウントを使い分ける人が多くなってきています。例えば、大して仲のよくない多くの友達に教える、言わば無難なことしかつぶやかないアカウントもあれば、ジャニーズやアニメなど、自分の趣味《しゅみ》の情報しか発信せず、同じ趣味の人としかつながらないアカウント、また、ひたすら毒づくだけの裏アカウントなど、ひとりで複数個のアカウントを持って使い分けるのが、もはや普通《ふつう》のことです。ＳＮＳの中で、政治の世界でかなり注目されているのがツイッターですが、不特定多数の人に見られたくないアカウントには鍵《かぎ》をかけ、つまり、密室のラインと全く同じような状況にしてツイッターを使うケースも多くなってきています。

日本ではまだ大変人気があるとは言えますが、ツイッターは、世界ではダウントレンドになってきていて、今現在、若者たちのホットな関心は、写真中心のインスタグラムや、友達への送信写真がすぐに消え、動画加工などでも人気があるスナップチャットへと移行しています。

また、基本的に実名を掲載《けいさい》するフェイスブックは、名前を検索《けんさく》すれば出てきてしまうので、苦手な人や、嫌《きら》いな友達など、あまりつながりたくない人、自分の投稿《とうこう》を見られたくない人たちともつながってしまいます。よって、他のSNSと比べると頻繁に投稿自体がしにくく、いざという時に連絡《れんらく》をとるためのもの、いわば、連絡網《もう》や電話帳のような使われ方が増えています。例えば、「もう何年も会っていないが、あいつ、何してるかな」と急に昔の友達を思い出した時に、名前で検索して連絡したり、あるいは「卒業式でした」「結婚しました」という大きなイベント時にだけ近況《きんきょう》を書き込む、といった使われ方が非常に多くなってきています。

今、フェイスブックに頻繁に投稿している人は、若者ではなく、中高年が多くなっているようです。あるいは、若者の中でも地元で過ごすことが多く、地元以外の人間関係の広がりがあまりない、見られる人の数が限られているマイルドヤンキー系の若者が多い状況です。

すでにフェイスブックに投稿するのが常になっている政治家の方で、特に若者にご自身の活動を伝えたいと思う場合は、この傾向を知っておくとよいかもしれません。

将来は不安だが、今の暮らしに満足

「脱ゆとり世代」「さとり世代」である「18歳選挙世代」に、今の生活の満足度と、国の将来について聞いた調査の結果を見てみましょう。

これを見ると、「大いに」と「ある程度」で8割以上の若者が、現状に満足しています。平成不況の失われた20年、デフレの15年を生きてきた「18歳選挙世代」なので、この前向きな結果は少し意外に映るかもしれません。その一方で、日本の将来は明るいと思うかを聞いた設問では、「思わない」という人が6割で、あまり明るい答えが返ってこないのも事実です。

このように「今は楽しく、将来は不安」という傾向が、「18歳選挙世代」では明らかになっているのです。

先ほども言ったように、彼らは「車がほしい」「海外旅行したい」「出世して金持ちになりたい」という、戦後から「ゆとり世代」前までの若者にあった類の大きな野望は少なくなっていいます。車はいらないし、カーシェアリングでもいいし、インターネットできれいな景色や動画を見ていれば、海外旅行に行かなくてもある程度満足できてしまいます。

彼らが生まれた時代はバブル近辺で、生活はある程度豊かで満たされているのですが、将来は不安なので「無理をしないで今を楽しもう」という諦観《ていかん》の上に立った満足感を求める傾向にある、と言えるかもしれません。

あなたは、いまの自分の生活にどの程度満足していますか【NHK】

大いに満足している　20・1%

ある程度満足している　62・1%

あまり満足していない　13・7%

まったく満足していない　2・4%

無回答1・7%

あなたは、日本の将来は明るいと思いますか【NHK】

思う　38・4%

思わない　60・9%

無回答　0・7%

不安のタネは、就職や結婚

では、そんな今の若者たちが抱える、将来の不安とはどのようなものでしょうか。この調査結果によると、「自分の人生で、不安だと思っていること」のナンバーワンは、「就職」となっています。これは、第2章でも扱《あつか》いますが、多くの先進国の若者も同じ状況にあると言えます。

この不安を少しでも払拭《ふっしょく》するために、今の大学生の中には企業でインターンシップ（就労体験）を行う子が多くいます。と言っても、仕事内容は、コピーとりなどの雑用で、時に無償《むしょう》か安く働かされて終わるケースも多いようです。また、就活用に資格をとったり、セブ島などへ短期の語学留学をする人も増えています。

現在の日本の新卒市場は、リーマンショック後の落ち込みから復活し、労働人口の減少による人手不足ということもあって、多くの業界では空前の売り手市場となっています。また、新卒一括《いっかつ》採用という世界に例を見ない就職システムのおかげで、経験値の少ない若者たちでも就職がしやすく、日本の若者の就職率は、世界のそれに比べると、リーマンショックの後ですら、そもそも大して悪くない、という側面も大きいです。

にもかかわらず、若者の就活不安は根深く、有効求人倍率がバブル期並みに上がっていても、若者たちの間で就職に関する不安感は未だ《いま》に大きいのが実情です。

あなたが、自分の人生で、不安だと思っていることを選んでください【NHK】

進学　33・6%
就職　63・8%
結婚　35・7%
子育て　20・4%
親の介護《かいご》　29・4%
老後の生活　33・9%
その他　4・9%
不安に思っていることはない　6・5%
無回答　1・5%

また、「結婚」「子育て」も彼らにとっては、大きな不安の要素となっています。リクルートブライダル総研の調査によると、今の20代の未婚の男子76%、女子60%は彼氏・彼女がいないという結果が出ています。その一方で、「あなたは、将来結婚したいですか」と聞くと、８割くらいの若者が「したい」と答えています。

あなたは、将来、結婚したいですか【ＮＨＫ】
したい　84・4％
したくない　13・7％
すでにしている　0・3％
無回答　1・6％

つまり、多くの若者にとって、結婚は「したいのにできない」ものになっているのです。結婚するかどうかは個人の問題ですが、そう望む若者が結婚や子育てをしやすい社会を作るという本格的な議論が、最近までされてこなかったということも、この背景にはあるでしょう。

また、若者の社会に対する不安というのも、前述したように、さまざまな政策が、おおむね人口の多い高齢者《こうれいしゃ》に向いてしまっていることに起因しているのは確かです。

少子高齢化が進む社会の中で、多数派である高齢者向けの政策ばかりが優先される「シルバーデモクラシー」が、結果的にマイノリティである若者から潜在的《せんざいてき》に希望を奪《うば》ってしまっている、と言ってもいいでしょう。

彼らに向かって「子どもをふたり生むことが重要だ」とやみくもに発破をかけるよりも、保育所の拡充《かくじゅう》や雇用《こよう》問題を解決し、安心して結婚し、子どもを育てられる政策が必要なのだと思います。

投票率の高い60代と今の「18歳選挙世代」、世代間の違いとは

「シルバーデモクラシー」という言葉が出たついでに、今の若者と、最も投票率の高い60代との世代間の違いについて触《ふ》れてみたいと思います。

第二次世界大戦が終わった1947~49年、第一次ベビーブームに生まれたのが「団塊の世代」です。著名人で言うと、ビートたけし、テリー伊藤、泉ピン子、武田鉄矢、鳩山《はとやま》由紀夫《ゆきお》、上野千鶴子《うえのちづこ》ら、パワフルな発言力を持つ人々が現在も各界で活躍中《かつやくちゅう》です。

よく「団塊の世代」は、学生運動と結び付けて語られます。まだ大学進学率が大変低いころですし、学生運動に繰《く》り出していたのは、その少ない大学生の中のごく一部の人たちでした。また、私がビートたけしさんと対談した時に、「当時の学生運動はファッションだった人も多かったんじゃないかな」と仰《おっしゃ》っていて、当時の学生でさえ、どれだけ政治意識が高かったと言えるかはわかりません。しかし、現在の投票率を見ると、少なくとも他

の世代よりも政治に関する興味は高いということが言えるでしょう。

戦後の混乱が随所《ずいしょ》に残り、ＧＤＰが北朝鮮よりも下回っていた時代の日本に生まれた彼らは、高度経済成長期の中を育ってきているので、大きな希望を持ちやすく、日々、変化を感じて生きてきました。大きな将来不安と変化の少ない日々を過ごしている「18歳選挙世代」が生きている時代とは、真逆の時代だったと言うことができると思います。

最近、私はたまたまたくさんの「団塊の世代」にインタビューし、「当時のトレンドリーダーは誰《だれ》だったのか」と聞く機会があったのですが、「トレンドという概念《がいねん》自体がなかった」と皆さん口を揃《そろ》えて言っていました。

ある方によると、当時の大学生の間で一番影響力を持っていたのは、雑誌の『暮《く》らしの手《て》帖《ちょう》』だったそうです。２０１６年度のＮＨＫ連続テレビ小説「とと姉《ねえ》ちゃん」は、まさに『暮しの手帖』の創業者を描いたものですが、このドラマの戦後編で描《えが》かれる時代感の中、「団塊世代」は生きてきたのです。そこで、１９６７年ごろの本誌を調べてみると、「〈全自動〉という名の洗濯機《せんたくき》」「電気ガマをテストする」などの目次が並んでいます。

「イケてる」とか「かっこいい」という概念は、本格的にこれより大分後の時代にできたようで、当時大切なのはあくまで商品の機能であり、生活をどう便利にしてくれるかが最も重要だったわけです。

それに比べて、「18歳選挙世代」は、生まれた年が1997年と1998年で、バブル崩壊《ほうかい》直後になります。バブルは崩壊して不景気でしたが、日本は世界第2位の経済大国になってから大分時がたち、大変豊かな国でした。モノに満たされており、満たされ過ぎているが故《ゆえ》にもうモノは必要ないという「モノより思い出」という言葉が流行語になり、生まれた時点で北朝鮮よりもGDPが低かった「団塊の世代」とは、生活レベルの基準点が全く違う状況でした。

こうした情熱的だった「団塊世代」が若者だったころに比べると、今の「18歳選挙世代」は、どこか冷めていて、謙虚《けんきょ》で控《ひか》えめ。「僕《ぼく》なんか、政治のことはわからないし、デモに参加するなんて申し訳ないし、恥《は》ずかしい」などと考えるようになっています。

「団塊の世代」と「18歳選挙世代」を足して2で割ると、大変バランスのよい世代になりそうですが、いずれにせよ、戦後の第一世代と、今の若者たちには、真逆と言ってよいほどの断絶した世代的特徴が見られるようになってきていることは、理解しておくべきかもしれません。

「団塊の世代」を中心とする60代は、人口が最も多いうえに政治意識が高いのですから、「選挙」という観点で見ると、最強の世代と言えます。政党や政治家からしても、最も意識しなくてはいけない世代です。

夏の参院選を前に、所得の低い年金受給世代の１１００万人に、ひとり3万円ずつの一時金を配ること（高齢者向け給付金）が決定し、すでに支給が始まったのは、この人口ボリュームの多い、高齢者への配慮《はいりょ》からだ、という批判も聞こえてきます。

その一方で、高齢者を支える立場の若い世代は、生活のために共働きをしようとしても、子どもが保育所に入れない、というような待機児童の問題が未だ深刻です。保育所を増やす対策として保育士の待遇改善が重要とされていますが、今年4月に決定されたのは、保育士の賃金を最大で月額1万円引き上げるというもので、これではどれだけ効果が得られるかはわかりません。

現在の政策は、どうしてもこの「団塊の世代」を中心とした高齢者の社会保障や年金、医療《いりょう》に関する部分が手厚くなってしまいがちです。これは選挙が多くの票を得ることが目的である以上避けて通れない問題で、「本来であれば、人口減少社会において高齢者の社会保障は削《けず》らざるを得ない」という事実を口にすることは、政党・政治家として命とりになりかねません。

ニュースや新聞などで、世界の先進国の若者たちが、上の世代との不平等に不満を持ち、大学授業料の引き上げに反対したり、最低賃金を引き上げるべくデモを起こしたりしている姿を見ると、世界で最も高齢化が進み、無償の奨学金がほとんどなく、世代間の不平等を最も感じているはずの日本の若者たちの間にも、もっと不満がわき上がりそうなものです。

しかし、今の日本の若者たちは、「自分たちの世代は、納めた年金額よりももらえる額のほうが少ない」という事実を小さいころから、テレビで見て、学校の先生に聞かされて育ち、それを仕方のないものとして受け入れているようです。彼らが「さとり世代」と呼ばれる背景にはこうした理由があり、怒りを態度で表明する欧米の若者たちは、日本の若者に比べると「さとっている」とは言えないかもしれません。

第2章で説明しますが、アメリカは大量の移民を受け入れてきた影響もあり、若者の人口がそれなりに多い国です。若者たちが声をあげれば、その声は上の世代にも届きやすい環境にあります。少なくとも、日本よりは「届くはずである」というリアリティを、若者たちが持ちやすい社会とは言えるかもしれません。しかし、日本の場合は、若者の人口が圧倒的に少なく、結果として、前に述べたようにマイノリティ意識と、だから仕方ないというあきらめからくる素直さが身についてしまっているのです。

声高に自分たちの主張をしてきた「団塊の世代」と、高齢者世代の声高な主張をあきらめて受け入れる「さとり世代」。若者が「さとり世代」にならざるを得ない日本の人口構成が、若者の政治離《ばな》れを加速させているのです。

マイルドヤンキーの存在と強まる母子関係

「さとり世代」の将来不安や刹那的《せつなてき》な幸福感、マイノリティ意識とともに、知っておいていただきたいのは「マイルドヤンキー」と呼ばれる若者の特徴です。

今、若者たちの間で、全体的に地元志向が強くなってきています。東京や大阪など、三大都市圏《けん》への人口流入は、ジグザグしながらも相変わらず上がっていますが、かつて若者たちが強烈《きょうれつ》に大都会に憧《あこが》れていた時代とは一転し、今の若者たちは、「できれば親や友達のいる地元に残りたい」という気持ちが全体的に強くなってきています。

経済成長期の若者は、上昇志向も強く、もっと給料のもらえる都会を目指しますが、低成長経済下の成熟社会の若者は、上昇志向を持ったところで見返りも少ないので、現状維《い》持《じ》志向が強くなるものです。

ただ、「できれば」という言葉通り、本音では地元に残りたくても、限られたサービス業以外の産業があまりなく、致《いた》し方《かた》なく都会に移り住む若者たちが増えているのが現状です。

大学を選ぶ時も、地元の大学に入りたいと願う若者たちは増えてきています。「学校基本調査」（文科省）で、出身高校と同一県内の大学に進学した者の比率を見ると、平成18

年の40・8%から平成27年の42・5%へ、この数字は年々少しずつ上がっているのです。

マイルドヤンキーと呼ばれる若者たちは、まさにこの「地元志向」を強烈に持っている若者たちのことです。実家（地元）住みで、地元の企業で働き、遊ぶ時も小・中学時代の幼なじみとつるんで、狭《せま》い行動半径の中で暮らしています。

彼らの中にはやんちゃ、あるいは、元やんちゃだった人たちもいますが、大好きな地元の職場を失うことがないよう、一生懸命《いっしょうけんめい》働き、礼儀《れいぎ》を重んじ、職場のおじさんたちともいい人間関係を築いている人がたくさんいます。「地方創生」という言葉がキーワードになっている世の中で、これからの地方を引っ張っていく存在として注目されています。

また、彼らは、労働者として地方創生を引っ張るだけではなく、消費者としても地方経済を活性化する重要な存在となってきています。

彼らの消費行動の特徴をまとめると次のようになります。

「できるだけ都会に出ずに、用事は地元のイオン等のショッピングモールですませたい」

「休みは地元のファミレスや居酒屋、仲間の家でごろごろして過ごす」

「ＩＴ（パソコン）にうとく、携帯（スマホ）が好き」

「車・パチンコ・タバコが好きな人が多い」

などです。

「さとり世代」は、「車を持たない」「酒を飲まない」と消費しない傾向にありますが、マイルドヤンキーは酒にもタバコにもお金を使い、車は大きなミニバンを持ちたがります。家族仲もよく、地元友達ともつるんでいるので、みんなで買い物やバーベキューに行くために、大人数で乗車できる車のほうが使い勝手がよいのです。

２０１４年にヒットした「ホットロード」という映画は、90年代のヤンキーを描いた漫《まん》画《が》が原作です。主人公の男女が親とけんかをして家を飛び出し、一緒《いっしょ》に住み始めるという設定になっています。

ところが、今のマイルドヤンキーは親と大変仲良しになっている人が多いので、けんかをして家を飛び出したりする子は昔より減っています。彼女とふたりで暮らすより、経済的にも支えてもらえますし、実家にいるほうが心地いいと考えるようになっているのです。

「あなたは、深刻な悩《なや》みがある際に、誰《だれ》にもっとも相談しますか」という調査結果を見てみましょう。この設問で、「母親」と答えた人が「友人」と同じくらい高くなっているのは、まさに今の若者らしい特徴と言えます。

あなたは、深刻な悩みがある際に、誰にもっとも相談しますか【ＮＨＫ】
父親　３・４％

母親　33・3％
兄弟・姉妹　3・9％
友人　34・6％
SNS上の知り合い　0・7％
学校の先生　1・7％
スクールカウンセラーや医師　0・6％
その他　3・5％
相談する相手がいない　6・7％
無回答　11・8％

18歳は「18歳選挙権」をどう考えているのか

このように、今の暮らしにある程度満足だが、あまり将来に希望は持っておらず、人口が少ないので、消費者や国民として中心的な存在ではない「18歳選挙世代」は、今回の18歳選挙権をどう見ているのでしょうか。

ＮＨＫ・大学生協・河北新報のいずれが行った意識調査でも、「18歳選挙権」については、９割を超《こ》える高い数字で「知っている」と回答しています。やはり、人生でほぼ初めて自分たちにスポットライトが当たり、主役感というものを感じているのかもしれません。
ここでは「政治への関心」と「7月の投票に行くか」というデータを見てみましょう。まず、6、7割が「選挙に行く（行くつもり・なるべく行くを含む）」と前向きに答えています。

これは、大多数の日本人が思っているより高い数字ではないでしょうか。なぜなら、一般的に若者は政治離れしている、と言われているのですから。もちろん、実際の投票率は、当然、ここまで高くはならないと思います。しかし、今の時点でこれだけ高い数値が出ているということは、18歳選挙が若者たちが政治に目を向け、よりよい日本の社会を作っていくことに興味を持つきっかけになるのではないか、という希望が持てます。

また、政治への関心も「大いに（かなり）ある」「ある程度（少しは）ある」を合わせると50％を超えており、思ったよりも高い結果と言えるのではないでしょうか。これまで政治には無関心だった18歳も、18歳選挙権がメディアにとり上げられ、学校でも選挙の予備学習をし始めていることによって、興味を持ち始めた人が出てきていると言えるでしょう。

また、大学生協の調査では、「投票に必ず行く」と答えた学生は、政治への関心が高く、日本の未来も明るいと答えているという相関が出ているようです。

これを逆に考えると、若者に日本のこれからに対する希望を持たせることができたら、彼らが政治に関心を持ち、投票に積極的に参加するようになる可能性を生み出すことができると言えるかもしれません。

あなたは、いまの日本の政治にどの程度関心がありますか【ＮＨＫ】
大いに関心がある　10・8％
ある程度関心がある　41・6％
あまり関心がない　34・7％
まったく関心がない　11・5％
無回答　1・3％

国の政治に関心がありますか【河北新報】
かなり関心がある　5・9％
少しは関心がある　44・6％
あまり関心がない　30・9％
全く関心がない　13・5％

わからない・無回答　5・0％

来年（2016年）夏の参議院選挙で投票に行きますか【NHK】
必ず行く　22・3％
行くつもりでいる　38・4％
行くかどうかわからない　29・7％
行かない　8・7％
無回答　0・9％

2016年夏の参院選の投票に行きますか【全国大学生協・東京】
必ず行く・なるべく行く　71・1％
行かない・行きたくない　12・5％
わからない　14・0％（全体6・2％・自宅生1・3％）

18歳になったら投票に行きますか【河北新報】
行く　22・5％

行くつもり　34・5％
行かないつもり　9・9％
行かない　7・1％
わからない・無回答　26・0％

政治意識でも男女の差がなくなってきている

大学生への調査では「政治の動向に関心がある」が「大いにある」と「まあある」を合わせると60％を超えています。サークルやバイト仲間と遊んでいるほうが楽しい時期だし、若者の政治離れと言われてはいますが、少なくとも彼らの自己分析上では、若者たちは政治に関心があるようです。

中でも注目したいのは、女子の数値の上がり幅が大きいということです。政治的な関心は、どの世代でも男性のほうが高いと一般的に言われていますが、ここでは男女の差異は狭《せば》まっています。

「18歳選挙世代」では、このような男女の特徴の差が際立たなくなっているという現象が、随所に見られるようになってきています。例えば、私の造語に『女子力男子』（宝島社）というものがあり、流行語となりましたが、これは美容やファッションやスウィーツなど

2016年参院選挙への投票

(%)

	計	政治への関心		日本の未来	
		ある	なし	明るい	暗い
投票に必ず行く	27.9	37.1	11.8	31.6	26.9
なるべく行く	43.2	44.7	43.0	45.2	43.5
行く 計	71.1	81.7	54.8	76.8	70.4
行けない	6.2	6.2	6.1	6.6	6.2
行きたくない	6.3	3.4	12.1	4.5	7.4
行かない 計	12.5	9.6	18.2	11.1	13.6
わからない	14.0	8.4	26.1	11.7	15.6
その他	0.2	0.2	0.3	0.3	0.2
無回答	2.2	0.2	0.0	0.0	0.2

国内外の政治への関心（男女別・学部別）

(%)

	男子		女子		文系		理系	
	13年	15年	13年	15年	13年	15年	13年	15年
関心が大いにある	16.3	18.4	8.3	10.1	15.4	18.2	11.3	12.2
まあある	48.3	47.9	49.6	52.3	53.2	52.7	45.0	47.8
ある 計	64.6	66.3	57.9	62.4	68.6	70.9	56.3	60.0
あまりない	26.0	23.2	33.9	28.9	25.4	21.1	32.2	28.8
全くない	8.8	7.8	7.8	6.4	5.7	5.1	10.9	9.4
ない 計	34.8	31.0	41.7	35.3	31.1	26.2	43.1	38.2
無回答	0.6	2.7	0.4	2.3	0.4	3.0	0.6	1.8

＊国公立および私立大学学部生9741人
全国大学生活共同組合連合会の調査をもとに作成

に高い関心を持った男子のことを指しています。

男子の家庭科必修の下で育った今の若者たちにおいては、多くのジャンルにおいて、男女の差がかなりなくなってきているのです。

日本では「政治は男のもの」という意識が、まだ非常に強いのが特徴的と言われています。現在の国会議員に占《し》める女性の割合も、わずか9・5%で、OECD諸国の中ではダントツの最下位です。

韓国に次いで男女差が大きい国と言われる日本ですが、まだずいぶん先の話ではありますが、今の18歳が中高年になった時、男女の差がほぼなくなるのではないか、そんな可能性を感じさせる結果です。

政治のニュースを知るためのメディアは

ここでは、18歳がどのようなメディアから政治のニュースを得ているかということを見てみましょう。

政治に関する情報を主に何から得ていますか（二つまで回答）【河北新報】

本　1・8%

新聞　20・5％
テレビ　86・3％
パソコン（インターネット）　8・4％
スマートフォン（インターネット）　50・6％
授業　10・0％
友人との会話　1・6％
家族との会話　8・3％
街頭演説　1・3％
政党のパンフレットなど　0・9％
特に得ていない　2・0％
分からない・無回答　0・9％

あなたはふだん、次に挙げることをどの程度していますか【NHK】

A．テレビで政治のニュースを見る
ほぼ毎日　30・3％
週に3～4日程度　22・8％

週に1〜2日程度　15・1%
たまにする程度　20・0%
ほとんど・まったくしていない　10・9%
無回答　1・0%

B．新聞で政治の記事を読む
ほぼ毎日　4・0%
週に3〜4日程度　5・3%
週に1〜2日程度　6・5%
たまにする程度　23・8%
ほとんど・まったくしていない　59・4%
無回答　1・0%

C．雑誌で政治の記事を読む
ほぼ毎日　1・2%
週に3〜4日程度　1・4%

週に1～2日程度　3・0％
たまにする程度　15・7％
ほとんど・まったくしていない　77・3％
無回答　1・5％

D．インターネット上で政治のニュースを読む
ほぼ毎日　15・7％
週に3～4日程度　15・2％
週に1～2日程度　12・2％
たまにする程度　28・8％
ほとんど・まったくしていない　26・9％
無回答　1・3％

E．ツイッターやフェイスブックなどのSNSで政治に関する他の人の意見を読む
ほぼ毎日　7・7％
週に3～4日程度　9・1％

週に1～2日程度　9・3％
たまにする程度　23・7％
ほとんど・まったくしていない　48・9％
無回答　1・4％

F．ツイッターやフェイスブックなどのSNSで政治について発言する
ほぼ毎日　1・0％
週に3～4日程度　1・1％
週に1～2日程度　1・7％
たまにする程度　7・9％
ほとんど・まったくしていない　87・1％
無回答　1・3％

「若者のテレビ離れ」とよく言われますが、若者は政治のニュースはテレビで知るというのがほとんどのようです。

これは、高校生までは若者の間で「テレビ離れ」が、まだあまり起こっていないからだ

と思います。なぜかと言えば、高校生までは、ある程度生活が規則正しく、朝起きてから家を出るまで、時計代わりに朝食を食べながらテレビを見るというパターンは昔から変わっていません。また、学校や部活が終わって家へ帰ったら、夕食の時間やお風呂《ふろ》までテレビを見るというパターンも、昔と変わっていないからです。

もちろん、テレビを見たり、夕食を食べたりしながらでも、今の高校生はスマホをいじるようになっています。テレビとスマホを同時に見る、いわゆるダブルスクリーンという視聴スタイルになっているのです。

と言っても、高校生がスマホでやっていることと言えば、ほとんどがラインなどのSNSかゲームなどのアプリが多いので、少なくとも政治情報は未だにテレビから得るケースが多い、ということが言えるでしょう。

ところが、大学生になると、いっきに生活が不規則になり、テレビを視聴する時間が減ってきます。また、バイトや飲み会などで、遅くまで家に帰らないことも多くなるので、物理的にテレビを見る機会自体が減ります。これは昔からあった大学生の傾向ですが、加えて、家にいるわずかな時間をラインだけやって過ごしたり、ユーチューブだけを見て過ごす人も増えてきているのが、若者のテレビ離れの実態だと思います。

テレビと政治情報が結びついていることを考えると、テレビ番組として政治マターをとり上げることは、少なくとも他の旧メディアよりも、新しく選挙権を持つ若者に対して影響を与《あた》えることができる、ということになります。政治家はテレビでよくとり上げられることで若者に対して政治的影響力を持つことになりますし、テレビ局にとっては責任重大です。

ただし、既存《きそん》の政治討論番組を18歳が好んで見ているかはわかりませんし、政治初心者の彼らには難し過ぎると感じられているかもしれません。そしてこれまで述べてきたように、今の日本で若者は人口的にマイノリティですから、特に視聴率を重視する民放では、若者向けの新しい政治番組は作りにくいかもしれません。

また、ＳＮＳについては、先ほども言ったように、今の若者たちは、政治に関する意見をＳＮＳから読むことも、政治的な発言をＳＮＳですることも、本当に少ないというのが現状だと思います。

これは、ツイッターなどのＳＮＳで、政治的な議論をする人が若者の間では少ないし、してはいけない雰囲気になってしまっている、ということなのです。

みんなが「スタバなう」とつぶやいたり、焼き肉屋でおいしそうな肉の写真をのせている中で、「俺《おれ》は●●党を支持する」とつぶやいても、周りの友達からの共感が得られるどころか、ひかれてしまうのです。

政治離れしているので、政治家自体をフォローしている若者たちも、ごく一部と言ってよいと思います。ＳＮＳについての話は、第3章の若者との議論の中でも出てきますが、中には、政治家なんてフォローして真面目だ、と周りに思われるのが嫌《いや》で、仮に興味があっても政治家なんてフォローできない、と発言する若者もいました。

とはいえ、自分とつながっている友達の誰かが、政治家の発言をツイッターでリツイートしたら、それは自分のタイムライン上に流れます。政党や政治家をフォローし、そのつぶやきを直接的に受け取りたいと思うのは、一部の特に政治好きな若者に限られるようですが、第三者（つまり、多くの場合は「意識の高い友達」）がリツイートした間接的な情報であれば、それほど抵抗感《ていこうかん》なく読んだり、影響を受けたりすることもあるようです。

政党や政治家がＳＮＳを使う場合は、むしろ「この人って親近感があるな」と思わせるつぶやきのほうが、一般的な若者たちはその政党や政治家をフォローしやすくなるようです。

マイルドヤンキーと地方政治の接点

マイルドヤンキーについて解説した『ヤンキー経済』（幻冬舎新書）を上梓《じょうし》した時、政治家の方からたくさんお問い合わせやご相談を頂き、「マイルドヤンキーは、国が掲《かか》げている地方創生の担《にな》い手になりうるか」とご質問を受けました。

　前述したように、マイルドヤンキーは地元が大好きです。しかし、彼らの言う「地元」とは、「郷土」という重いニュアンスとは違い、「ジモト」とカタカナで軽く表記したほうがフィットするかもしれません。彼らの地元への愛を因数分解すると、「地元の友達」、「住む家を与えてくれる親」、「よく行く先である大型ショッピングモール近辺」の3つであることが多いです。ですから、行政の考える「〇〇市をよりよくしよう」といった市区町村単位での大きな区分けでの施策《しさく》が、彼らをとり込めるとは限りません。彼らは、大型ショッピングモールを中心とした、もっと狭い生活行動範囲《はんい》に関心を高めているのです。

　これはマイルドヤンキー以外も含まれた調査結果ですが、高校1、2年生対象の意識調査では、「あなたの住んでいる市町村の政治に関心がありますか」という設問に、約3割が関心があると答えていました（「かなり関心がある」＋「少しは関心がある」）。


あなたの住んでいる市町村の政治に関心がありますか【河北新報】

かなり関心がある　4・5％
少しは関心がある　28・4％
あまり関心がない　40・7％

全く関心がない　19・3%
分からない・無回答　7・0%

この調査では、「国の政治」「県の政治」への関心度も聞いていて、「市町村の政治」に興味のある若者の数のほうが少ないという結果が出ています。前述したようにマイルドヤンキーはもっと小分けの生活単位であるジモトを愛している人々です。もしこの調査で「市町村」ではなく「あなたの住んでいる地域」という質問項目にしていたら、関心があると答える若者はもっと増えたように私は推測します。

そもそも、多くの人は、自分の住んでいるエリアを、市町村単位では考えていません。「駅から何分」とか、「何々商店街のそば」と、自分の生活範囲で地域をイメージして生活しているものです。

だから、アプローチを変え、県単位・市単位ではなく、5キロ四方の小中学校の学区を想像し、その単位で若者たちに調査すべきでしょう。

選挙演説などでも、「●●県をどうにかしましょう」「●●市を立て直します」などと言うよりも、彼らの生活範囲や生活動線を考え、エリアを区切って候補者のPRを行ったほうが、地元好きの若者たちには響《ひび》くかもしれません。また、生活圏のなじみのある地域の問題を政治家がとり上げることによって、若者が政治的関心を持つことにつながるのではないでしょうか。このことについては、第4章で改めて提案していきます。

家族で選挙に行こう

「親と一緒に選挙に行こう」といったダイレクトな選挙キャンペーンも、今の若者たちには相当効くかもしれません。一昔前なら、「なんでお袋《ふくろ》と出かけなきゃいけないんだよ」と、そっぽをむかれてしまうアイディアだったでしょう。18歳という思春期にある若者、特に男子は、母親と一緒に外を歩くことは、とても苦手だったはずです。でも今では、母親と娘が仲良しであるのはもちろんのこと、母親と息子でさえ大変仲良しになってきています。母親と出かけることを「デート」と表現する男子もいますし、ふたりで旅行に行くことに抵抗を感じない男子もいます。拙著《せっちょ》『ママっ子男子とバブルママ』（ＰＨＰ新書）でも、かつてであれば「マザコン」と言われてしまったであろう母親と息子のフレンドリーな実態を描いています。

彼らが連れ立って投票所に行き、帰りに食事や買い物を楽しむというのは、そう不思議ではない光景になってきています。

あなたの家族は、ふだん、選挙で投票に行っていますか【NHK】
必ず行っている　51・5％
行くことが多い　25・6％
行かないことが多い　8・7％
まったく行かない　4・6％
知らない・わからない　8・7％
無回答　0・9％

「あなたの家族は、ふだん、選挙で投票に行っていますか」という設問では、「必ず行く」が50％を上回っています。衆議院選における年代別投票率のここ数年の推移を見ると、若者の親世代である40〜50代ではやはり50〜60％台となっていますので、この数字はおおむねリアリティのあるものと思われます。

子どもが小さい時から一緒に選挙に行っていた家族は、18歳になってもみんなで選挙に行くパターンが多いのかもしれません。また、次の設問のように「よくわからないから行かないほうがいい」と仮に若者が考えてしまった時でも、家族と一緒に選挙に行けるという状況が、投票への第一歩につながりそうです。

家族で政治について話し合おう

「政治のことがよくわからない者は投票をしないほうがいい」という、いわば投票する側の姿勢について、若者がどう考えているかを見てみましょう。

政治のことがよくわからない者は投票しないほうがいい【NHK】

そう思う　22・2％
どちらかといえばそう思う　30・8％
どちらかといえばそうは思わない　24・0％
そうは思わない　21・6％
無回答　1・4％

この調査は、今の若者の特徴をよくあらわしているかもしれません。今の若者たちは謙虚になってきているので、「何もわからない自分なんかが選挙に行っていいのかな」と、思ってしまう人が非常に多くなっているのです。私自身がそうでしたが、昔の若者はもっと生意気で不遜《ふそん》な人が多かったように記憶《きおく》しています。

もし20〜30年前に、18歳選挙権が実現していたら、親子の会話はどうだったでしょう。父親が「お前、選挙はどうするんだ」「どの政党を支持しているんだ」などと言ったら、「うるせぇオヤジ！」と、18歳の息子は、家を出て行っていたかもしれません。
しかし、極めてフラットになった今の親子関係なら、家族で政治について話し合えば、投票行動にもいい影響を与えるのだろうと思います。

現実的でまっとうな日本の若者の政治感覚

社会保障と税負担について、そして国際関係について18歳はどう考えているかを見てみましょう。

これからの日本の社会や政治について、考え方がいろいろあります。A〜Cそれぞれについて、あなたの考えと近いものに1つだけ○をつけてください【NHK】

A.
年金や介護などの社会保障が充実するなら、
税負担が今より増えてもよい　63・1％

年金や介護などの社会保障が後退しても、税負担が少ないほうがよい　32・7%
無回答　4・2%

B.
チャンスが平等に与えられるなら、
競争で貧富の差がついてもしかたがない　51・6%
競争の自由を守るよりも、格差をなくしていくことの方が大切だ　44・5%
無回答　4・0%

C.
これからも、アメリカとの関係を外交の基軸《きじく》にしていくべきだ　61・1%
これからは、アジアとの関係に軸足《じくあし》を移していくべきだ　32・9%
無回答　6・1%

Aの「社会保障が充実するなら、税負担が増えてもよい」という回答が6割を超えています。これは、若者たちが今よりも福祉《ふくし》国家を求めているということです。

上の世代よりも厳しい経済環境の中を生きてきた今の若者は、仮に税負担が増えて自分の取り分が一時的に減っても、安定感・安心感がほしいと考えるようになっているのです。

一方、次のB「チャンスが平等に与えられるなら、競争で貧富の差がついてもしかたがない」については、5割が「差がついてもしかたがない」と考えています。

つまり、これをまとめると「機会の平等というのは与えるべきである。その結果、努力して差がついても仕方がない。しかし、社会保障は充実させて、セーフティーネットは作りましょう」という考えを持っていることになります。

ここから見えるのは、「北欧《ほくおう》のような超福祉国家はちょっと行き過ぎではないか」というバランス感覚です。恵《めぐ》まれない人は助けるべきだけど、努力しないのはいけないし、競争してイノベーションも起こしていかなければいけない、と解釈《かいしゃく》できます。とても現実的で、バランスのよい考え方と言えるかもしれません。高齢者世代の人と話すと、北欧のような福祉国家を理想とする人も多いのですが、若者は必ずしもそうではないのです。

世界の若者の動向を見てきた私が、この調査結果から感じるのは「日本の若者の考え方は、世界の若者に比べても非常に大人で落ちついている」ということです。

日本は今、少子高齢化が進み過ぎて、若者の声がなかなか社会や政治に届きにくくなっています。一方、世界の先進国では、移民を受け入れた効果によって若者の人口が多くなっている国があり、若者たちが政治的に影響力を持つようになっています。例えば、今回のアメリカ大統領選で、アメリカの「18歳選挙世代」とも言える「ミレニアルズ世代」は、民主社会主義者を名乗るサンダースを有力な大統領候補にまで引き上げました。イギリスのミレニアルズたちが支持するコービンも、「反ブルジョア」「平等・公正」を訴え、一部では極左とも言われていますが、野党の党首にまで上りつめました。

その他、世界の先進国でも同様に、左寄りの政党や政治家を支持する若者たちが増えています。彼らの主張は「社会保障を充実せよ」「格差をなくせ」など、これまで資本主義が生み出してきた社会の歪《ゆが》み、上の世代との不平等の是正《ぜせい》に向けられています。そして、一部の主張については、財源はどうするのかという現実的な問題には触れられていないのも特徴的です。

次に、若者の支持政党について見てみましょう。

あなたはふだん、支持している政党がありますか【NHK】

ある　12・0％

ない　86・3％

無回答　1・7％

税と社会保障のバランスを重視する「18歳選挙世代」ですが、今のところ支持する政党がないという人がほとんどです。また、「その理由」は「政党について詳しく知らないから」ということです。

彼らの票の総数は240万票に過ぎず、全体からすると大変少ないのが現実です。しかし、これだけ支持政党のない無党派が多いことを考えると、もし彼らの投票率が大きく上がるなら、これまで強い支持母体による組織票に守られていた政党や政治家の中には、大きな逆境を迎《むか》える人も出てくる可能性があります。

世界の若者の政治や社会への関心

ここでは、世界の若者たちの国や政治に関する考え方と日本の若者のそれとを比較《ひかく》してみましょう。

国際比較を行った調査を見る時に、気をつけていただきたいことがあります。私の海外でのマーケティング調査の経験から言うと、そもそも日本人は控えめで、すべての項目に低めに答える傾向があるのです。

例えば「自分に自信がある」という設問では、中国人では「すごくある」と多くの人が

自国の政治に関心がありますか（国際比較）

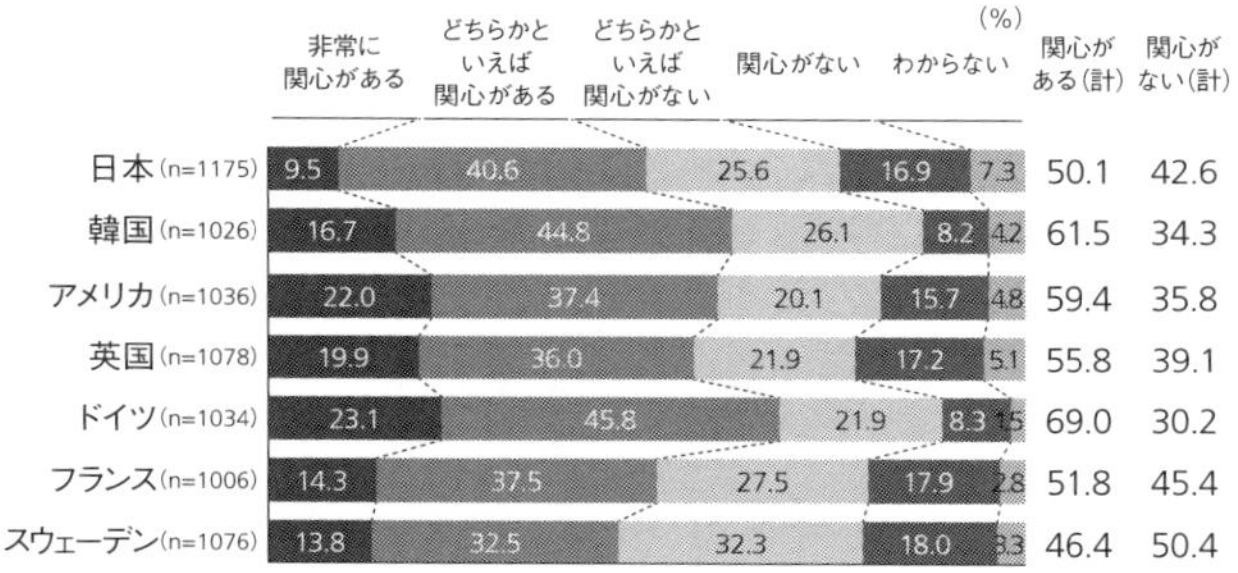

自国のために役立つと思うようなことをしたいですか

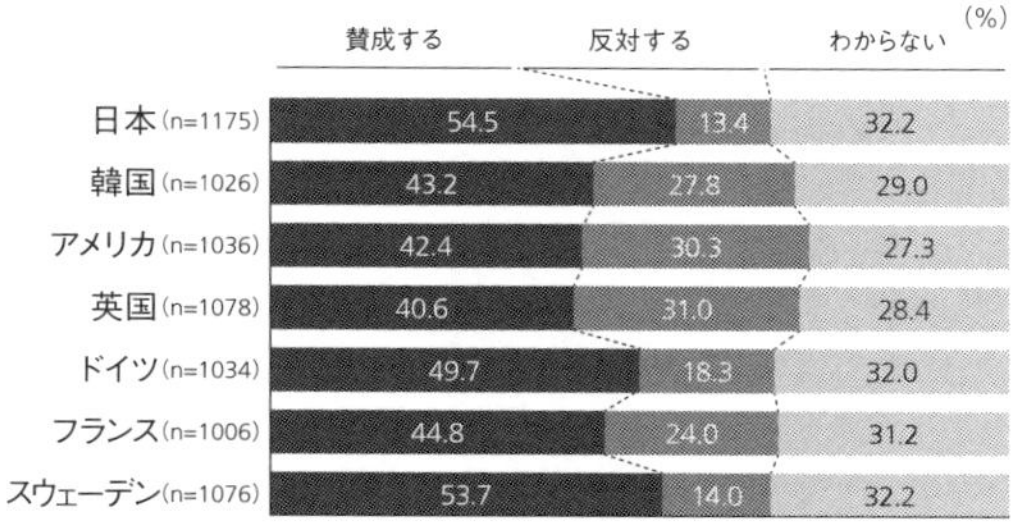

＊満13歳〜満29歳までの男女1000サンプル（原則）
内閣府の調査をもとに作成

政策決定過程へ関与したいですか（国内比較）

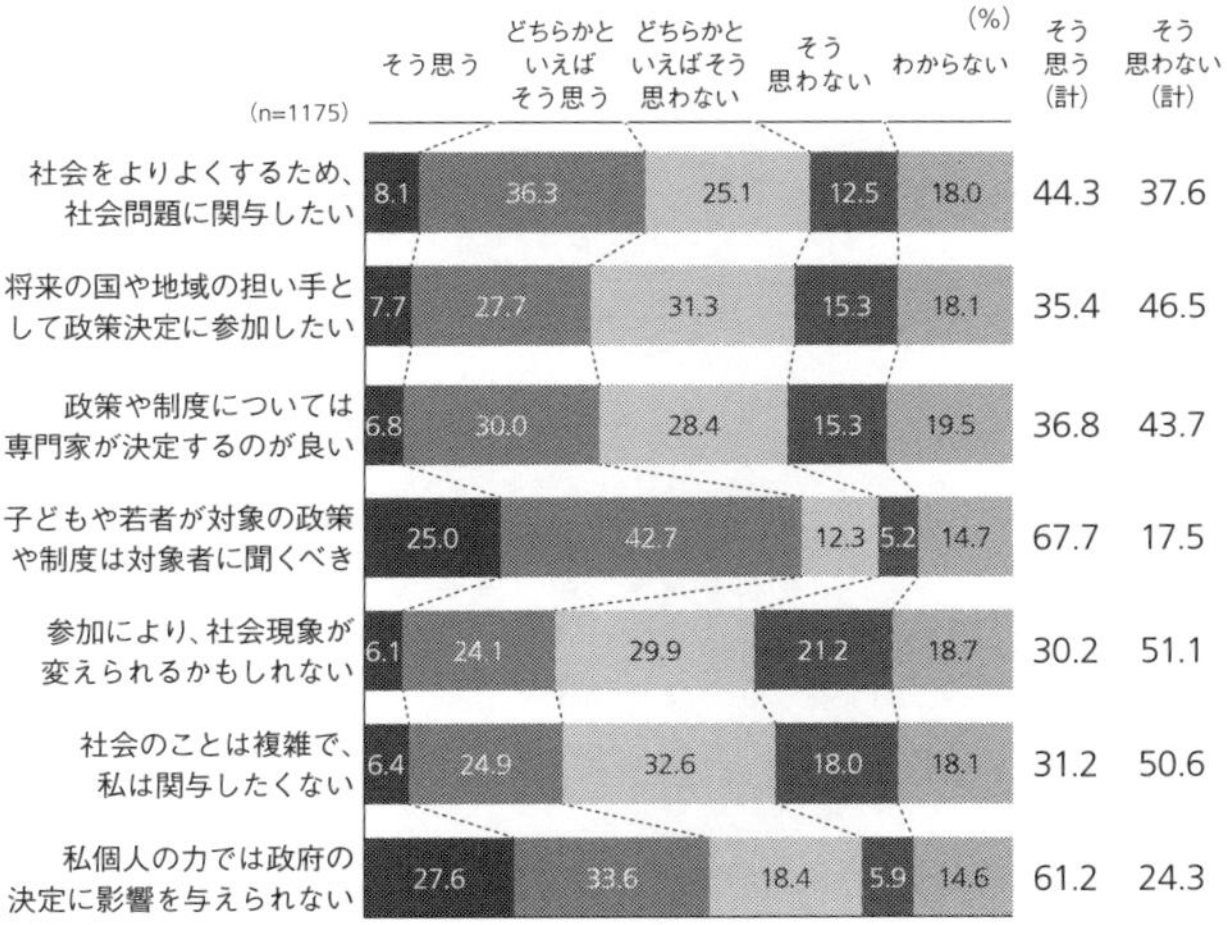

内閣府の調査をもとに作成

答えるのに対し、日本人は「やや自信がある」や「あまり自信がない」と答える人が多くなったりします。

どんな問いに対しても「松竹梅」の「竹」を選び、控えめに答える、謙譲《けんじょう》の美徳というような精神が、若者にも引き継《つ》がれているのです。このような国民性の違いを知らずに、突出《とっしゅつ》した数字だけで他国と比較しても、意味がありません。「日本人はやる気なし」といった、自虐的《じぎゃくてき》な結論を導いてしまうだけになります。

この調査を見てみると、政治に対する関心は、「どちらかといえば関心がある」までを含めると、他国に比べて極端《きょくたん》に低いわけではありません。ドイツ・韓国・アメリカに比べると低くなっていますが、スウェーデンよりは高いという結果です。政治的関心が他国より低く、スウェーデンよりは高い……これは前述したように、「社会が恵まれていると政治的関心が低い」ということを意味しているのかもしれません。スウェーデンのように社会保障が充実《じゅうじつ》し過ぎていると、政治を変えたいと思わなくなるかもしれません。

日本は社会保障が充実しているとは言い切れませんが、実家へのパラサイトや大学の学費を含めて、親の援助《えんじょ》は他国より多く、社会保障もそこそこは充実しているということで、スウェーデンに次いで政治への関心が低いのかもしれません。

国内にいると日本の悪いところばかりが目につくこともありますが、世界の状況を知り、

日本の若者層失業率（15～25歳）

年	データ%	世界順位
2014	6.5	157
2013	6.8	155
2012	7.8	151
2011	8	151
2010	9.1	143
2009	9	148
2008	7.19	151
2007	7.8	146
2006	8	148
2005	8.6	143

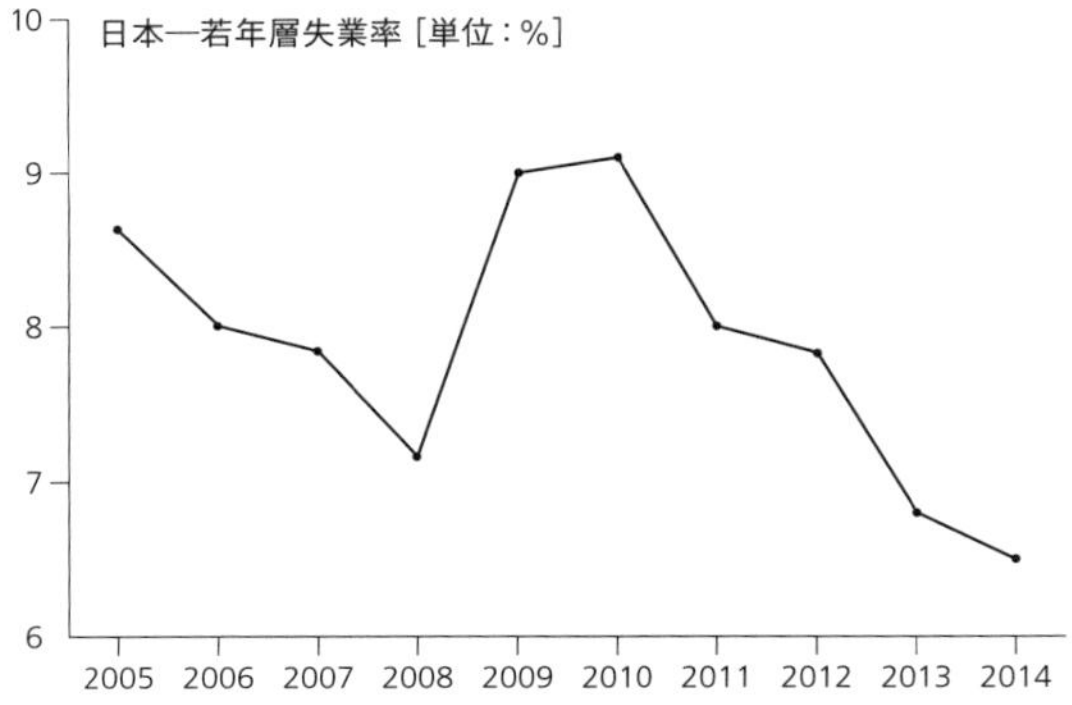

資料：GLOBAL NOTE 出典：ILO

相対的に日本を見ると、少なくとも現状では、日本は若者が政治的関心を失うほど大変恵まれているという面もあります。もちろん、人口構成上、シルバーデモクラシーに陥ってしまっているので、何かを期待したところで自分たちの理想が実現されない、という諦観《ていかん》からの関心の低下という面もあると思います。

SEALDs（シールズ）は若者の象徴なのか

政治活動について、若者はどう考えているかを見てみましょう。

18歳になったら政治活動や選挙運動に参加したいと思いますか【河北新報】

ぜひ参加したい　2・4％
参加したい　5・2％
あまり参加したくない　32・4％
参加したくない　39・6％
分からない・無回答　20・4％

あなたは、政治にかかわる集会やイベントに参加したことがありますか【ＮＨＫ】

参加したことがある　2・3%
参加したことはないが、今後、参加するかもしれない　38・3%
参加したことがないし、今後も参加するつもりはない　59・0%
無回答　0・4%

欧米やアジアの先進国では、若者の消費・行動傾向は「さとり化」しているものの、政治行動に消極的ではありません。台湾《たいわん》や香港《ホンコン》では若者たちが国会を占拠《せんきょ》するなどの行動を起こし、革命として国の政治を変えようとするという動きが起こっているのです。

アメリカでも、大統領選で「ミレニアルズ世代」が若者向けの政策を重視する民主党のサンダースを躍進《やくしん》させていますし、イギリスでも若者向けの政策を重視するコービンが野党の党首となっています。欧米各国の若者たちの間では、デモも頻繁に起こるようになっています。

そんなタイミングで、日本でも安保関連法案への反対デモを繰り広げた学生団体「SEALDs（シールズ）」に注目が集まりました。

行動する世界の若者と時を同じくして登場したこともあり、最近は「日本でも若者が政治に関心を持ち始めた」と考える大人が多くなっているように思います。

しかし、私が日々若者研究を行い、たくさんの全国の若者たちと接している中で感じるのは、むしろ真逆の感覚です。

先の調査を見ても、政治活動や選挙活動への参加については「参加したくない」「参加するつもりはない」が半数を超えているのです。

今回の選挙権年齢の引き下げにより、18歳から政治活動や選挙運動の自由が認められることになります。

文科省は、学業に支障がない範囲での高校生の政治活動を認めていますが、その線引きにはさまざまな論議があります。愛媛《えひめ》県などのように、「選挙運動や政治活動への参加には、1週間前までに保護者の許可を得て担任の教員に届け出ること」という決まりを導入した教育委員会もあります。

しかし、投票には「行くつもり」としても、それ以外の政治活動にはほとんど興味を示していないのが、今の若者の実情です。あれだけメディアにシールズがとり上げられても、この基本的な政治への無関心な姿勢は、変わっていないと言えます。

特に、時に汚い言葉で相手を罵《ののし》ったり、中途半端《ちゅうとはんぱ》なハンガーストライキをやったりというところは、メディアからも批判されていましたが、若者研に集まる若者たちの中でも違《い》和感《わかん》を覚えた人が多かったようです。なぜなら、今の「18歳選挙世代」の若者たちは、前述したように、大変平和主義になっており、謙虚で空気を読む、「さとり世代」の若者たちだからです。

こうしたことを考えると、シールズには、客観的に見て今の若者の代表性はなさそうです。彼らの行動は若者よりもむしろ、中高年に刺《さ》さっていて、少々懐《なつ》かしい自分たちの時代の若者に近い存在で、だからこそ、多くのメディアがとり上げることになった面もあります。

また、彼らのファッションやパフォーマンスの手法として使っていたラップは、今の若者世代の象徴的なものではありません。彼らの応援《おうえん》演説に駆《か》け付けたラッパーの「スチャダラパー」が、１９９０年代に活躍《かつやく》したヒップホップアーティストであることや、国会前に集まっていた集団が若者というより、むしろ中高年が多かったことからもわかるように、彼らは決して若者の代表ではなく、あくまである主張を持った、世代を超えた組織であり、少なくとも多くの若者たちの目にはそのように映っていたようです。

また、シールズが運動のテーマとして掲げていた、安保関連法案反対にもつながる憲法改正の問題について、多くの若者はどう考えているのでしょうか。

憲法9条は、戦争を放棄《ほうき》し、戦力を持たないことを決めています。あなたは、憲法9条を改正する必要があると思いますか【NHK】

改正する必要がある　15・9%

改正する必要はない　56・7%

どちらともいえない　26・1%

無回答　1・3%

憲法9条は「改正する必要はない」が、5割以上となっています。これはシールズの主張と同じです。しかし「断固、平和憲法を守っていくべき」という信念というよりは、前にも述べたように「よくわからないので、無責任に変えるべきではない」と考える若者たちが多いようにも思います。

憲法9条を改正すれば、「戦争に行くのは若者だ」ということになる可能性も、先々を考えれば充分《じゅうぶん》にあるかもしれないので、これは若者にとっても身近で重大な問題のはずです。もっと積極的な意味において、改正に反対する人がいてもよい気がしますが、前述した通り、今の若者は非常に近視眼的な状況になっています。「将来の不安は大きいけれど、今の生活には満足」という傾向があるために、先を見ずに今を見るという捉《とら》え方になっているのです。

また、今の若者たちは、上の世代が若者だったころに比べ、大変優しいという特徴を持っています。そこで、「友人に母子家庭で困っている人がいるから、手当を増やしてあげたい」とか、「資格をとった友達がつらそうだから、介護士の待遇をよくしてあげてほしい」と考える若者は増えていると思います。しかし、そうした彼らの優しい関心も、安保や原発などの国家レベルの大きな話ではなく、自分のごく身近な話に集中する傾向があります。

それが良いか悪いかは別にして、若者世代にこのような特徴があるということは理解しておかなくてはいけないと思います。

今、各大学でシールズのような政治活動を行うサークルが増えてきています。高校生の間でも同様です。シールズが若者の代表とは言えないにせよ、あれだけメディアがとり上げ、多くの賛同者が集まったので、一部の若者に対しては、一定の影響力があったことは事実だと思います。

こうした活動でも、もう少し短期的で身近な、若者特有のテーマを掲げていくと、マジョリティの若者たちに大きな影響を与えることができるように思います。

世界では若者たちのパワーで政治や世界が徐々《じょじょ》に変わるようになってきていますが、彼らは学費や奨学金、雇用不安など、自分たちにとっての切実で身近な問題を掲げて世の中を動かしており、おそらく日本でもそうした若者たちが近々出てくるように思います。なぜなら、時系列で日本国内を見ていくと、日本の若者たちの置かれている状況は、大変厳しい状況にあることがわかります。例えば、非正規雇用者の割合は、特に若者層（15歳～24歳）で急増し、1990年に20・5％だったものが、2014年には48・6％になっています（総務省統計局）。

また、奨学金を受給する学生も増えています。日本学生支援機構の「学生生活調査」（平成24年度）によると、奨学金を受けている大学生（昼間部）は52・5％と半数以上にのぼっています。このように、欧米の若者と日本の若者が置かれている厳しい状況は、おおざっぱに言うと似てきているのです。

謙虚な18歳の政治参加を促すには

「自分を大人だと思いますか」
「法律上大人とみなされる成人年齢も18歳に引き下げるべき」
「立候補できる年齢を引き下げるべきだ」

この3つの設問について見てみましょう。この設問では、いずれも「思わない」という回答が多くなっています。

18歳が投票できるようになることには、かなり肯定的だった若者たちですが、「大人になりたい」とか「大人扱いされたい」とは思っていないのです。

あなたは、自分は大人だと思いますか【NHK】

思う　15・7％

思わない　83・9％

無回答　0・4％

法律上、大人とみなされる「成人年齢」も18歳に引き下げるべきだという意見もあります。どう思いますか【河北新報】

18歳で成人にすべきだ　17・4％

18歳より若くてもいい　1・1％

今まで通り20歳でいい　69・2％

20歳より引き上げてもいい　1・8％

分からない・無回答　10・4％

謙虚と言うべきか、自信がないと言うべきか、自立欲求が薄《うす》いと言うべきか。このように、戦後の若者の多くが感じていた権利主張の意識を、今の若者が持っていないというのも大きな特徴です。読売新聞の18、19歳を対象にした調査でも、「成人年齢を20歳から18歳に引き下げる」ことに、反対64％、賛成35％という結果が出ています（5月11日）。

子どもが大人になりたいと考える理由のひとつは、「親や周囲の大人からうるさく言われたくない」ということがあると思います。「18歳選挙世代」の大きな特徴のひとつに、親と仲がよいということがありますから、親にゴタゴタ言われたくないから早く大人になりたいという思いを、日常的に抱《かか》えていないということなのかもしれません。

選挙に立候補できる年齢は、衆議院選挙では25歳以上と定められています。あなたは、選挙に立候補できる年齢を現在よりも引き下げるべきだと思いますか【ＮＨＫ】

引き下げるべきだ　12・1％
引き下げるべきではない　47・4％
どちらともいえない　39・1％
無回答　1・3％

「引き下げるべきではない」が5割近くを占めていて、今の若者たちはとても謙虚です。自分の年齢では立候補すべきではない。もっと経験ある人がやるべきだと思っているのでしょう。

もっと年齢が上でも、「ダメな人はダメ」なのですが、あまりそうした気持ちはないようです。本来であれば、自分たちの主張が政治の場で実現されるように、「引き下げるべきだ」に丸をつけてしかるべきだと思いますが、今の若者たちはそうは考えないようです。

これまでも何度か触れているように、世界的に見て、安定した先進国では政治への関心が低くなり、投票率が低くなる傾向があります。私も海外でマーケティング調査を行うことが多いですが、先進国の多くの若者たちは上の世代から、日本の若者と同じように、「政治離れしている」と言われています。

政治というのは未来を変えることです。今、投票して何かがすぐに変わるのではなく、法案が通ってそれが実際に施行《しこう》され、世の中に活《い》かされるまでには時間がかかります。このため、「今を楽しみたい」という刹那的《せつなてき》な若者たちにとっては、政治は関係ないものになりがちです。

上の世代は、将来不安を持ちながらも、現状に満足してしまっている今の日本の若者たちに、未来はもっと理想的に変えられるんだという希望を持たせることが重要で、これができて初めて政治行動を促《うなが》せるのだと思います。

どの時代も、若い世代よりも中高年のほうが投票率は高くなります。しかし、将来を見《み》据《す》えなくてはならないのは、中高年よりも若者です。自分たちの未来のために、この国の将来を考えようという啓発《けいはつ》をしていかなければいけないのでしょう。

第2章

「18歳選挙世代」が世界を変える

世界をゆるがす若者たちのパワー

第1章では、日本の「18歳《さい》選挙世代」の特徴《とくちょう》や傾向《けいこう》、選挙や政治をどう見ているかということについて、意識調査の結果などもふまえてお話ししてきました。

今回の18歳選挙権に対しては、複数の意識調査で、若者が投票に対して意欲的であるという結果が出ています。メディアもこれだけたくさん18歳選挙権をとり上げていますし、これまで人口的にマイノリティで、あまりスポットライトを浴びてこなかった若者たちにとっては、初めて自分たちに注目が集まってきていると感じているのかもしれません。

ようやくこの芽生えた若者の意欲を投票行動につなげていけるように、我々大人が若者たちの力になることが求められていると思います。

ところで、日ごろ、日本の若者たちと共同で研究を行いながら、世界中の若者を訪ねて現地調査を行っている私から見ると、確かに日本の若者の現状は政治離《ばな》れし過ぎているように感じます。

しかし、これはむしろ、前述したように、日本社会や日本の政治にある程度の安定感・安心感があることの証《あか》しと言えるかもしれません。少なくとも他国と比べると、相対的にはそう言えると思います。

世界の若者層失業率（15～25歳）2014年

国名	データ%	世界順位
スペイン	57.9	2位
フランス	23.89	47位
イギリス	16.7	82位
アメリカ	14	91位
中国	10.5	125位
台湾	12.1	103位
韓国	10.39	129位
香港	8.5	145位
日本	6.5	157位
平均値	13	

資料：GLOBAL NOTE 出典：ILO

もちろん、戦後のこれまでの世代と比べると、年金や社会保障などを見ても、今の日本の若者たちが置かれている状況《じょうきょう》は大変厳しいものとなってきていますが、世界的に見ると、先進国の若者を取り巻く状況は、日本の若者のそれより厳しく、深刻になっているのです。

例えば、アメリカと日本の医療《いりょう》費の比較《ひかく》をしてみると、特に医療費の高いマンハッタンでは、急性虫垂炎《ちゅうすいえん》で手術し、1日入院した場合、さまざまな場合がありますが、平均して約1万ドル（日本円で約１００万円）以上請求《せいきゅう》されてしまうと言われています。日本では、国民健康保険制度があるため差額ベッド代を含《ふく》めても10万円以下の支払《しはら》いになると考えられます。

また、英国ガーディアン紙によると、欧米《おうべい》

8カ国（米、英、豪、カナダ、スペイン、伊、仏、独）における、ここ30年間の25～29歳の独身の若者たちの手取り収入は、その国の平均給与と比較して大幅《おおはば》に減少しているそうです。

特に2008年のリーマンショックによる世界的金融《きんゆう》危機を乗り越《こ》えるために、ヨーロッパ各国では緊縮《きんしゅく》政策の一環《いっかん》として、最低賃金の引き下げが行われました。このあおりを最も食らって賃金が下がり、雇用《こよう》状況が悪化したのは他でもない、若者たちなのです。

2011年9月、ニューヨーク証券取引所のあるウォール街を若者たちが占拠《せんきょ》したデモについては、まだ記憶《きおく》に新しいところだと思います。あの時、ツイッターに出現した「Occupy Wall Street（ウォール街を占拠せよ）」の言葉に触発《しょくはつ》されて、ニューヨークに全米各地から学生や失業している若者たちが1000人も集まりました。そして、格差是正から地球温暖化まで、さまざまな問題に対する抗議《こうぎ》行動を2カ月以上くり広げたのです。

この行動は、SNSを通じてすぐに世界に飛び火しました。同年のうちにシドニーの金融街、ドイツでは欧州中央銀行本部があるフランクフルト、イギリスのロンドン証券取引所近くなどでもデモが行われました。

この年には、イギリスでもイングランドの大学の授業料引き上げ案に反対して、ロンドンその他の各地で大学生のデモが相次ぎました。

世界の先進国の若者は、みんな非常に似た経済危機の状況に置かれるようになっているために、抗議行動が連鎖《れんさ》的に起こったのです。

今年のアメリカ大統領選では、民主党のヒラリーに対してサンダースが突如《とつじょ》として登場し、若者たちに支持されています。一方で、極右と言われ、移民政策などに強烈《きょうれつ》な発言をしているトランプも、若者に限らず人々に夢を持たせて躍進《やくしん》しています。

イギリスの労働党党首コービンや、スペインのポデモス党を押し上げたのも、苦況にあえぎ、新しい政治に期待する若者層です。

世界の先進国では、今、極左あるいは極右の政党・政治家が突如として若者の支持を集め、注目される、という現象が起こっています。

この章では、政治に大きな影響《えいきょう》を与える世界の「18歳選挙世代」の若者たちの現状を知り、日本がこれからどうなっていくのかを考えていきたいと思います。

アメリカ大統領選における「ミレニアルズ」のパワー

今年、２０１６年は、４年に１度のアメリカ大統領選挙の年です。昨年から、「保守＝共和党」と「リベラル（進歩主義）＝民主党」の２陣営《じんえい》で候補者争いが行われ、各州での予備選の結果が日本のメディアでも逐一《ちくいち》報道されてきました。

今年はこれから、7月の党大会で各党の候補者が決定し、11月に一般有権者によって投票および開票が行われます。その後、選挙人による投票を経て、来年1月には新しい大統領が誕生することになります。

日本では、民主党候補として、ヒラリー・クリントンが最有力で、彼女のライバルなどいないと思われてきました。しかし各州での予備選が進むにつれて、一躍《いちやく》知られるようになってきたのがバーニー・サンダースです。あのオバマ大統領も「バーニー現象には多くの人が驚《おどろ》かされた」と発言しているほどです（２０１６年4月30日に開催《かいさい》されたホワイトハウス記者クラブ主催の夕食会にて）。

「民主社会主義者」を自称《じしょう》するサンダースについて、日本では「あまりに非現実な極左」という報道もあるようです。しかし、アメリカの若者たちからは、実にリアリティをもって支持されている側面があります。

サンダースの支持層として注目されているのは、「ミレニアルズ（Millennial Generation）」と呼ばれる世代です。

彼《かれ》らの特徴は、デジタルネイティブで、ＳＮＳによる情報発信やコミュニティ作りに強いこと。このことは、今回の大統領選予備選でも発揮されていますし、２０１１年の「Occupy Wall Street（ウォール街を占拠せよ）」を盛り上げるのにも一役買っています。

このほかの特徴として次のようなものもあげられます。

・ポジティブな自由主義者で、特定の宗教や政治的な組織との強いつながりを好まない
・派手好きやブランド志向ではなく、ファストファッションを好み、ネット通販《つうはん》をよく使う
・地元産のオーガニック素材を好み、外食より自宅で料理して食べる（作った料理をインスタグラムなどにアップする）
・車は買わない。カーシェアリングや「ウーバー」という配車アプリでタクシーを呼ぶシステムを利用する

また、自転車の人気も高まっていて、これはエコ意識が高いことにもつながります。こうしたミレニアルズの文化は、ほぼ年代を同じくする日本の「18歳選挙世代」とかなり一致《いっち》するところがあります。

その一方で、決定的に違《ちが》う点があります。まず、ミレニアルズは人口3億人のうち、4分の1を占《し》める米国最大の人口群です。また、移民や移民の子どもが占める割合も多いので、白人、黒人、ヒスパニック、アジア系などによる多民族集団を形成しています。

これにより、人種やＬＧＢＴ（性的マイノリティ）など、さまざまな文化に対して寛容《かんよう》で多様性を重視することにつながっていると言われています。

また、彼らは、２００8年のアメリカ大統領選でＳＮＳを駆使してオバマを当選させた、オバマ・ジェネレーションとも呼ばれています。

２０１5年10月に米国３大テレビネットワークのひとつであるＮＢＣ（National Broadcasting Company）が行った世論調査では、民主党候補だけで比べた場合、全年齢《ねんれい》ではヒラリー支持が45％、サンダース支持が31％でした。ところが同じ調査で19〜29歳までの「ミレニアルズ世代」の有権者の中では、サンダース54％、ヒラリー26％と、圧倒的にサンダースを支持していることがわかりました。

２０１5年に行われてきた各州の予備選では、まだ予備選ということもあってか、若者層であるミレニアルズの相当数が投票に加わっていないと思われます。

日本ではアメリカ大統領選の予備選挙が始まってから初めて、このサンダース候補のことが報道され、そこで彼を知った人も多くいたと思います。前述したオバマ大統領の台詞《せりふ》にもあったように、多くのアメリカメディアや上の世代のアメリカ人でさえ、サンダースをノーマークだったように思います。

しかし私は、だいぶ前からサンダースを知っていました。なぜなら、アメリカにおける多くの若者へのインタビューの中で、何度となく「バーニー」「サンダース」という言葉を若者たち自身の口から聞き、「彼でないと今の閉塞《へいそく》したアメリカを変えることはできな

現代アメリカの６つの世代

GIジェネレーション（グレーテスト・ジェネレーション）

1901～1926年生まれ。第二次世界大戦経験者

サイレント・ジェネレーション

1927～1945年生まれ。持家、マイカーなどアメリカンドリームを体現。豊かな老後を過ごしている

ベビーブーマー

1946～1964年生まれ。第二次世界大戦後のベビーブームに生まれた。10代から20代にベトナム戦争があり、反戦運動やヒッピームーブメントを体験

ジェネレーションX

1965～1980年生まれ。子ども時代にテレビが普及。彼らの子ども時代に、女性の社会進出が進み共働き世帯が増え、離婚が急増した（米国で無過失離婚が認められるようになり、離婚が容易になった）。彼らが成人したころ、レーガノミクスで格差拡大、就職難を経験

ミレニアルズ（ジェネレーションY）

1981～2000年生まれ（2004年で区切る場合もある）。最大の世代グループ。デジタルネイティブ。多人種多民族

ジェネレーションZ

2001年以降生まれ。白人以外の人種が過半数に達する世代

い」と、目を輝《かがや》かせる姿をたくさん見てきたからです。

若者に寄り添うサンダースと、夢を見させてくれるトランプ

そもそもアメリカは、自分でできることは自ら行うという自助の精神の強い国です。この考え方が、福祉《ふくし》や社会保障よりも自由経済を重視する「小さな政府」の台頭につながってきました。

しかし、経済的に困窮《こんきゅう》している人が多いミレニアルズは、そうしたアメリカ的な自助の精神ではなく、行き過ぎた競争によって生じた経済格差の是正《ぜせい》、社会保障や大学の学費の補助を望むようになってきています。

なぜか日本ではあまり知られていないのですが、アメリカで「ゴシップガール」の次に大ヒットした「ガールズ」（２０１２年〜）というドラマがあります。これは、今のアメリカの若者を象徴《しょうちょう》している作品で、日本では、今のところスターチャンネルのみで放映されています。

さて、このドラマの内容ですが、主人公のハンナは、大学を出て、いつか小説家になりたいという夢を持ち、ニューヨークで友人とルームシェアをしています。

ドラマの冒頭《ぼうとう》で、ハンナが親に呼び出されて、両親と一緒《いっしょ》にレストランで食事をする印

象的なシーンがあります。

食事の途中《とちゅう》に母親から「ハンナ、最近どうなの」と聞かれて、

「最近？　まだ本は出せていないけれど、いろいろな出版社の人と会ったりできて、調子がいいの」

と言うと、そのあと沈黙《ちんもく》があってお母さんが、こう切り出すのです。

「お父さんと話したのだけど……。あなたも大学を出て3年もたつから、そろそろ仕送りを打ち切りたいのよ」

そこで、ハンナはフォークとナイフをバンッと机に叩《たた》きつけ、

「私たちの友達で、仕送りを打ち切られて、ドラッグ中毒になったり自殺未遂《みすい》した子がいるのよ」

と、キレてその場を出て行くのです。

こんなエピソードに始まり、「ガールズ」には現代のアメリカの若者を取り巻く経済や雇用問題、失恋、ドラッグなどのさまざまな社会問題が描《えが》かれています。

ハンナの両親はふたりとも大学教授という設定ですから、日本で言えばおよそ世帯年収2000万円程度の家庭となりますし、ハンナが社会人になっても親から仕送りを受けていたという事実も考えると、アメリカにおいてかなり恵《めぐ》まれた家庭に育ったハンナですら、

生きづらい社会になってしまっているのです。

一般的には、アメリカの大学生は「ガールズ」のハンナよりも、もっと厳しい経済状況に置かれています。

もちろん、先ほども述べたように、今、日本の大学生も5割以上が奨学金《しょうがくきん》をもらう時代になっています。日本はアメリカほど、大学の学費が高くはありません。とは言え、もはや単なるローンと言えるほどに利子の高い奨学金も横行し、社会問題となっています。

そこで2016年に入り、安倍晋三《あべしんぞう》首相は、返済不要の給付型奨学金制度を作ることや、返済が必要な奨学金も無利子型を増やすこと、また卒業後の所得に応じて、返済額を変化させるなどの教育支援《しえん》の方針を表明しました。その後、この方針は見送りとなりましたが、それだけ、日本の若者にとっても学費が負担になってきているのです。

話をアメリカの若者に戻《もど》します。アメリカの場合は、学費の高い私立大学がほとんどで、学生たちは日本以上の高額ローンを背負い込《こ》むことになります。最近の報道は、「2016年の大学卒業生の7割が学資ローンを受けていて、その債務《さいむ》の平均額は3万7172ドル（約400万円）で過去最高である」と伝えています（ウォール・ストリート・ジャーナル2016年5月4日）。

また、アメリカ教育省の統計によれば、連邦《れんぽう》政府が直接融資《ゆうし》する学資ローン制度を利用した人の40％超《ちょう》が未返済か、滞納《たいのう》の状態にあり、その額は2000億ドルを超《こ》えているのです（同誌2016年4月8日による）。

この原因のひとつは、アメリカの新卒生の低い就職率です。2012年には、「アメリカでは、大学を出ても半数の若者に仕事がないか、大卒の資格や能力を必要とせず学歴に見合わない仕事に従事せざるを得ない」という報道もありました（AP通信2012年4月、"1 in 2 new graduates are jobless or underemployed"）。

日本には当たり前にある「新卒一括《いっかつ》採用」ですが、この方式は日本独特のものでアメリカにもその他の国にもありません。アメリカでは新卒も高いキャリアを持った人も、同じポストを目指して就活をするので、経験も実績もない若者は、当然不利になるのです。

今、アメリカの若者が就職したい企業《きぎょう》の人気ランキングには、上位5社の中にNPO（非営利団体）が入ってきています。

アメリカ文系学生人気就職先ランキング2014年（調査・UNIVERSUM）

1 Walt Disney Company（ウォルトディズニー）

2 Google（グーグル）

3 U.S. Department of State（アメリカ合衆国国務省）

4　United Nations（国連）

5　Teach For America（ティーチ・フォー・アメリカ）

5位の「ティーチ・フォー・アメリカ」は教育系NPOで、新卒者を、教員免許《めんきょ》の有無にかかわらず大学卒業から2年間、米国各地の教育環境《かんきょう》に恵まれない地域の公立学校に常勤講師として赴任《ふにん》させるという事業を行っています。

このNPOは2010年には、全米就職ランキングの1位になったこともありました。

この事実を見て、「アメリカの若者は社会貢献《こうけん》意識が高いが、日本の若者はダメだ」と言う人がいます。もちろん、そうした若者がいるのも事実ですが、私がインタビューした若者たちの多くは、もし選べる立場なら、誰《だれ》だってNPOよりはアップルやグーグルに入りたい、と言っていました。新卒一括採用という概念のないアメリカでは、ドラマ「ガールズ」にも描かれているのですが、新卒で未経験の人間など、なかなか採用してくれません。そこで、新卒者はNPOで働いて実績を作りながら、雇用枠《わく》があくのを待っているのです。

この「ミレニアルズ」の置かれている厳しい状況と将来不安が、福祉重視で「大きな政府」を目指し、学費の値下げや奨学金の金利低減政策を唱えるサンダースの支持へとつながっているわけです。

1人当たりの教育費（大学生）［単位：US$］

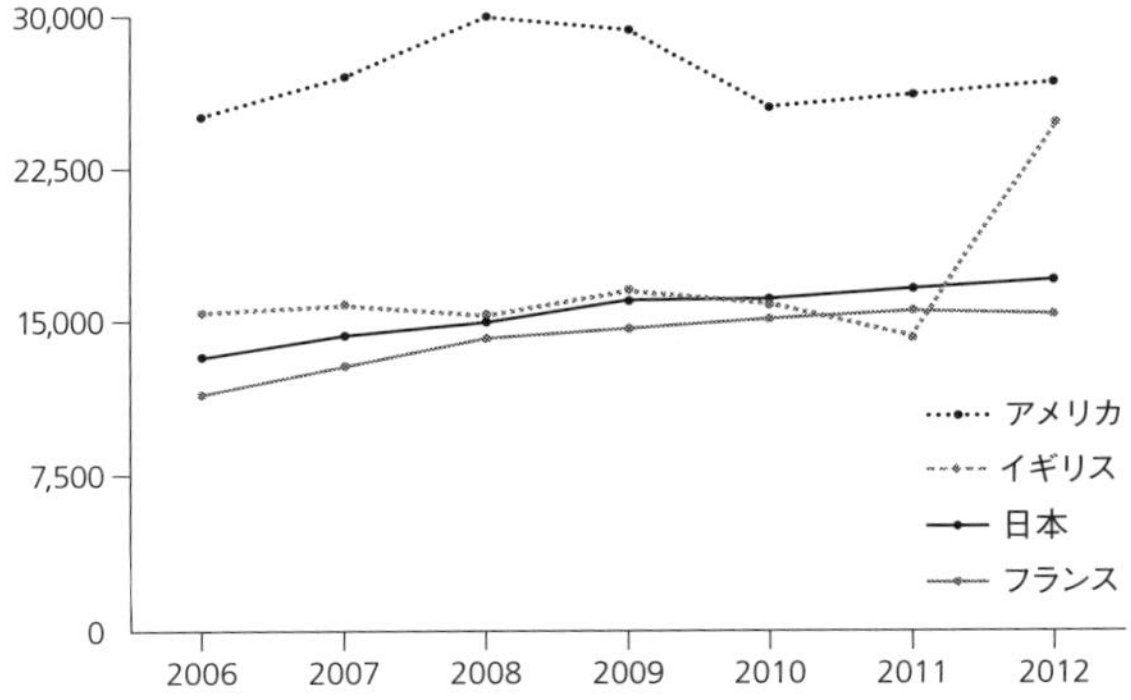

アメリカ	26,561.89
イギリス	24,338.36
日本	16,871.73
フランス	15,281.25（2012）

＊大学生1人当たりに支出される総教育費（公的負担分・私的負担分を含む）

資料：GLOBAL NOTE 出典：ILO

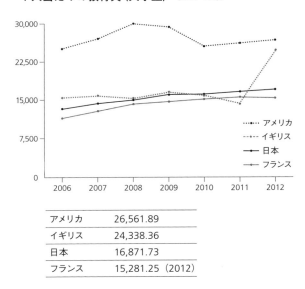

また、私が日本の多くのメディアよりも早く知っていたのは、サンダースだけではありません。共和党のトランプの名前も、アメリカの若者たちの会話には、もうだいぶ前からよく出てきていました。

ドラマ「ガールズ」のシーズン1の何話目かにも、こんなシーンがあります。

登場人物のある女の子が彼氏を「これからトランプが講演をやるから一緒に聞きに行かない？」と誘《さそ》います。

「いくらなの？　そんな高いお金、出せないよ」

「だけど、トランプみたいなお金持ちになれるかもしれないじゃない。安いもんよ」

トランプは２００５年ごろには『金のつくり方は億万長者に聞け！（How to Get Rich）』というような自己啓発本《けいはつぼん》を何冊も書いています。このころから、経済不安を抱《かか》える若者の共感を呼んでいたのです。

自分たちの苦しさに寄り添《そ》ってくれるサンダースと、自己啓発的で大きな夢を見させてくれるトランプ。どちらも、ミレニアルズにとっては、ヒラリー・クリントンよりも身近に感じる存在になっている側面があるのです。

アメリカの若者層失業率（15～25歳）

年	データ%	世界順位
2014	14	91
2013	15.8	85
2012	16.5	87
2011	18.7	79
2010	18.7	74
2009	17.89	76
2008	13.19	89
2007	10.8	105
2006	10.69	111
2005	11.6	107

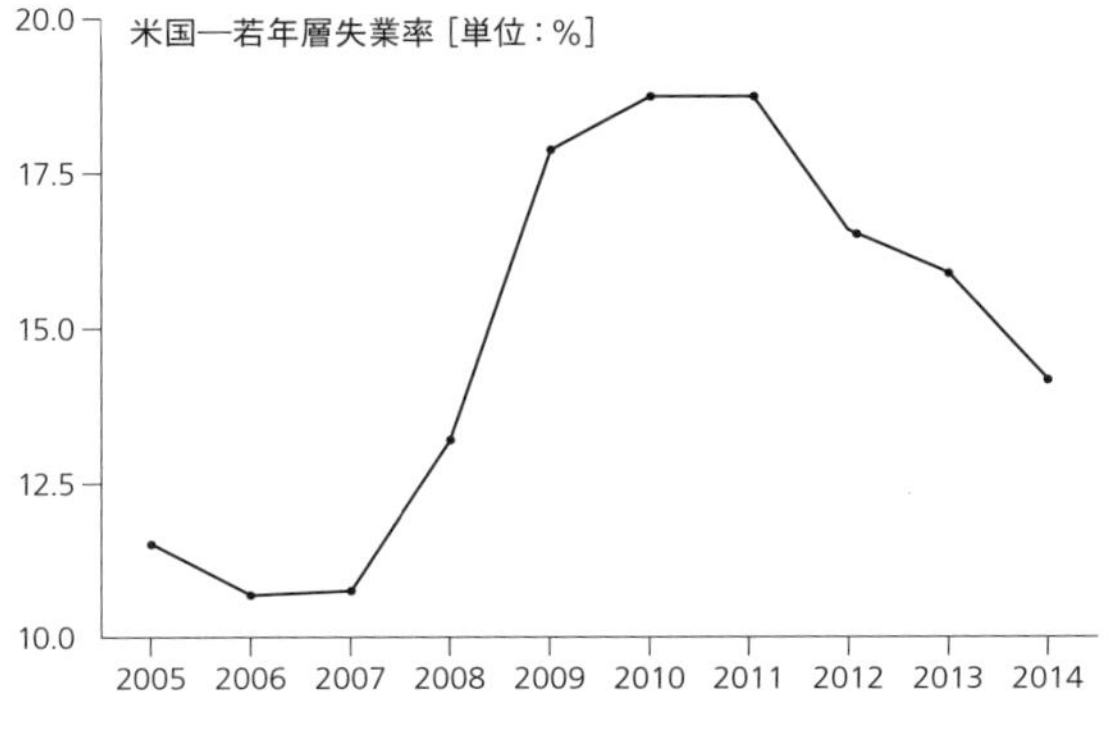

資料：GLOBAL NOTE 出典：ILO

「18歳選挙世代」インタビュー

これから、ニューヨーク、ロンドン、パリの若者たちに行った、主に政治や選挙意識に関するインタビューをご紹介します。これら先進国では、日本に先駆《さきが》けて18歳選挙権が実現されているので、各国の若者たちの政治意識を知ることが、今後の日本の参考になる可能性があるからです。

なお、海外のほとんどの国では、18歳選挙が行われています。中には、２００５年に選挙権年齢を20歳から19歳に引き下げた韓国《かんこく》や、逆に16歳から選挙権があるアルゼンチンやキューバなどもあります。オーストラリアにいたっては、18歳からの投票が義務となっており、正当な理由がなく投票しなかった有権者には、20豪ドルの罰金《ばっきん》が科せられています。

いずれにせよ、２０１５年に行った国立国会図書館の調査では、選挙年齢が判明した１８９カ国のうち、９割が18歳選挙を実施《じっし》していました。

〈アメリカ編〉さまざまな「ミレニアルズ」と大統領選挙

メイソン（仮名・17歳）

それでは、２０１５年の春に行った、アメリカのニューヨークでの若者インタビューを紹介《しょうかい》します。アメリカではちょうど、大統領選の予備選が始まったところでした。そこ

世界の選挙年齢

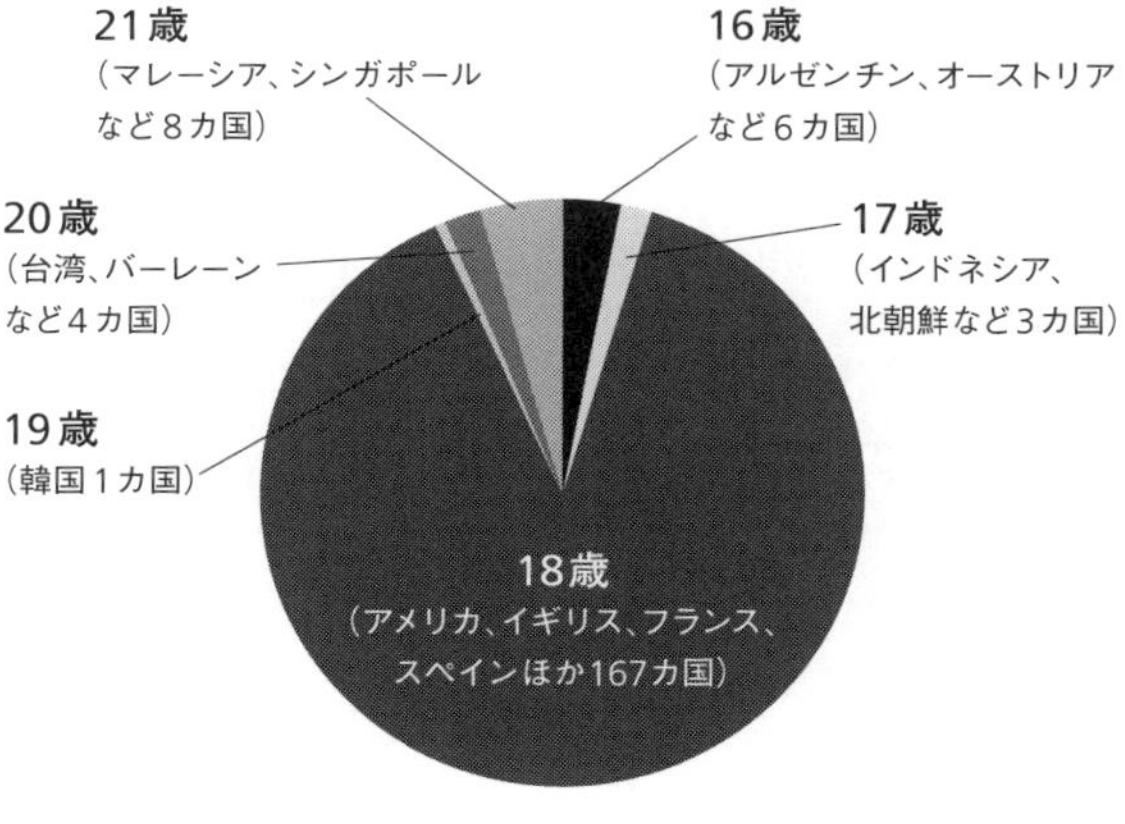

国立国会図書館の資料をもとに作成
（選挙権が判明した国：189カ国　いずれも二院制採用国では下院議会）

で「ヒラリーよりバーニーのほうがずっと若者の間で人気があるよ」とうれしそうに語るのがメイソン君17歳でした。

メイソン君は、マンハッタンから電車で1時間近く行ったニュージャージー州に住む高校生です。

父はロシアとの貿易商で、母はビジネススクールの教授。そして小学生の妹がいる4人家族で、緑豊かな田園地帯の中に立つ大きな邸宅《ていたく》に、何不自由なく暮らしている印象です。日本のアニメやゲームが大好きだそうで、彼の高校ではクラスの4人に1人が日本のアニメを見たことがあると言っていました。彼の大きな家には、彼専用のプレイルームがあって、よく友達がそこへ集まってはプレステでTVゲームをして遊ぶそうです。

「『進撃の巨人』『NARUTO』『ポケモン』は、だいたいの子がよく知っているね。日本のホラーもけっこう話題になる。『リング』、『呪怨《じゅおん》』なんかはアメリカでもリメイクされたけど、日本版のほうが怖《こわ》いから人気があるんだ。あと、僕《ぼく》は、個人的には日本の建築に興味がある。武士道も知っているよ」

彼は加えて、環境問題やボランティアにもかなり興味を持っています。

「小さいころから、貿易商である父親にヨーロッパ各国や香港《ホンコン》や台湾《たいわん》、タンザニアなど、いろんなところに連れて行ってもらった。このことが、地球温暖化などの環境問題やボラ

広大な土地に大きな家が点在する。メイソン君の家もとても大きい

ンティアに興味を持ち始めるきっかけになったと思う。特に、11歳でタンザニアのサマーキャンプに行った時には、リアルな貧困問題に直面し、すごくショックを受けたんだ」

高校では水泳部に在籍《ざいせき》するかたわらで、貧しい人が多いヒスパニック系のコミュニティーへの奉仕《ほうし》活動などを行うサークルの部長も務めています。廊下《ろうか》の一角には、世界の貧困地域に送る予定の、古いぬいぐるみなどが入った段ボール箱が置かれていました。

私が一番驚いたのは、インタビュー謝礼の受け渡しのシーンでした。私は世界中で、裕福《ゆうふく》な人から貧しい人まで、若者へのインタビューを行った経験がありますが、初めて謝礼を受け取ろうとしなかったのが彼で、「困っている人のいるところにこの謝礼を寄付してほしい」と言うのです。

彼は将来「ニューヨークコーネル大学に進んで起業を学び、環境コンサルタントになりたい」という目標を持っています。

「ミレニアルズ世代は、マスメディアを通してではなく、インターネットやSNSからダイレクトにリアルな情報を得られるので、上の世代よりも積極的に真実を知りたいと行動する傾向がある。きっと大統領選挙にも行くミレニアルズが多いと思う」

「ヒラリーより、バーニーのほうが若い世代に人気だよ。だって、ヒラリーは財界コミュニティに浸《ひた》りすぎているからね。バーニーは高齢《こうれい》だけど、リベラルでアンチ大企業だから、世代的に恵まれていない若者たちから人気が集まっているんだ」

大変裕福な家庭に育った彼が、社会保障に目を向けるサンダースを熱烈《ねつれつ》に支持するのも、彼の日々の活動や発言を聞くと納得できました。アメリカの行き過ぎた格差に違和《いわ》感《かん》を覚えているのは、必ずしも貧しい若者層だけではなく、裕福な若者層も含まれているようです。

エマ（仮名・25歳）

「ミレニアルズ」は移民や移民の子どもが多く、多人種な世代と言われています。

25歳のエマは、ミズーリ州のセントルイス出身で、母はドイツ人とアイルランド人のハーフ、父はアフリカンとネイティブアメリカンのハーフです。

この国では、多くの日本人には到底《とうてい》理解できないほど、ミックスカルチャーが進んでいます。

「両親も私も、アメリカで生まれ育ったアメリカ人なのだけど、私にはいろいろな血が混ざっているでしょう。外見ではどこの国の人かわからないから、よく戸惑《とまど》われたわ」

外見のせいで、さまざまな場面で人種差別にも遭遇《そうぐう》してきたそうで、そうした環境で育ったせいか「社会の持っている嘘《うそ》が見抜けてしまう」と言います。

彼女は大変優秀で、15歳で飛び級をしてサンディエゴ州立大学と市立大学の両方に同時に通い、政治学と生物学を学んだのですが、17歳で中退し、オクラホマやカリフォルニア州サンディエゴに住んだ後、NYコロンビア大学に入学し、卒業しました。

現在は、すでにトルコ人の夫と結婚《けっこん》しており、2人のルームメイトと夫と4人でニューヨークのブルックリンに住んでいます。

余談になりますが、ブルックリンはもともと黒人中心の比較的貧しいエリアでしたが、ここ10年ほどで若いアーティストたちが次々と移り住んだことにより、街はクールに様変わりし、地価も高騰《こうとう》しています。倉庫や町工場だった建物が改修されてブティックや高級レストラン、アートギャラリーなどに変わり、かつては夜になると照明もなく閑散《かんさん》としていた通りが、今では休日ともなるとまるで原宿や表参道のように若者たちと観光客で賑《にぎ》わっているのです。

現在ルームシェアをしており、エマと旦那さんを含めて、計4人で暮らしている。写真は共同リビング

知り合いに頼まれて洋服を作っている（エマ）

この現象は「ジェントリフィケーション（Gentrification）：貧困で治安の悪い地域の再開発と高級化」と言い、ロンドンやパリやベルリンなど、世界の先進国で同時に、今起こっている新しい現象です。

現在、エマはナイトクラブでカクテルウェイターのバイトをしながら、自宅でオンラインで自作の洋服を売る会社を起業しました。「アメリカの若者は起業する人が多く、チャレンジ精神があるが、日本の若者は大企業志向で保守的だ」とよく言われます。彼女も起業しているわけですが、チャレンジ精神から、というより、アメリカでは若者の就職が難し過ぎるために、起業せざるを得ないという面もあるのです。

彼女の夫はフォトグラファーですが、当然それだけで食べていくことはできず、生計を立てるために配車アプリ「ウーバー」を使った車のドライバーもやっています。タクシードライバーの雇用を奪《うば》うということで、世界中で賛否両論あるウーバーですが、就職が難しい若者たちの雇用の受け皿になっている側面も大きいのです。

最後に彼女に大統領選について聞いてみましたが、「政治そのものの機能は必要だと思うけど、選挙については興味もない。選挙人システムについても疑問だし、期待できるところがないわね」と言うのでした。まるで政治に冷めた日本の若者のようでした。

ゴードン兄弟（仮名・26歳）

「次の大統領選には行かないかも」と言うのは、双子《ふたご》のゴードン兄弟です。トリニダード・トバゴ出身の彼らの母は米軍勤務で、今もアフガニスタンに駐在中《ちゅうざい》とのこと。

現在、ふたりが住んでいるのはブルックリンの公営住宅。「アメリカの公営住宅は、所得によって家賃が変わるシステム。最近、僕らの所得が少しだけ上がったので、家賃も値上がりする見込み」だと言っています。それぞれ、違う会社でグラフィックデザイナーをしていますが、最近、ふたりでTシャツの会社を立ち上げました。

「僕らは当然、人種問題には関心があるよ」

「白人警官が黒人を殺す事件など、人種問題のいろいろなトラブルが起こっているが、これはオバマが8年も就任していたことへの不満が爆発《ばくはつ》しているように見える。でも、俺《おれ》たちはオバマを責めるつもりはないよ。期待していたほど世の中が変わってないのはがっかりだけど」

「健康保険制度の改革（通称オバマケア）については、いいことだと思う。長い目で見れば有益なことだと思う」

「中東で彼がやったドローン攻撃は、一般人が犠牲《ぎせい》になっているから反対だね」

彼らは、オバマ大統領を全体的に支持していますが、どうも今回の大統領選への熱はあまりないようです。

「そもそも大統領選は、お金で買われた選挙というイメージがあるからね」

「ニューヨークは民主党が当選するに決まっているから、行かなくても何も変わらないんだよ」

シャーロット（仮名・26歳）

一方、マンハッタン在住のイラストレーターであるシャーロットは、

「若者の政治への関心度は高まっていると思う」と言っています。

「特に、若者は戦争には、もううんざりしてる。アメリカの正義イコール世界の正義、というあり方が、私たち世代にとってはすごく重圧になってきているの」

「ミレニアルズ」という世代については、「私たちはミージェネレーション（me generation）って呼ばれることもあるわね。他の世代からは、自分ばかり見ている世代と認識されていたりもするのだと思う。また、これまでのアメリカ人はジャンクフードとか体に悪いものばかり食べてきたけど、私たちはそうしたものに危機感を持っているオーガニック世代だと思います」

アメリア（仮名・20歳）

就職難の中、NPOへの就職を経験した若者にも出会うことができたので、ご紹介しましょう。

アラバマ出身のアメリアは、マサチューセッツ州立大学で建築学を学んでいたのですが2年で休学し、学校教師の手助けを行うNPOに所属してニューヨークの学校で「(彼女曰《いわ》く) 安月給で」働きました。その後、ニューヨーク市立のハンターカレッジでアーバンスタディを学んで卒業したところです。

現在も、NPO系の職を求めて就活をしていると言います。そもそも「安月給で働いた」と言いながら、NPOを望むのはなぜでしょう。

「たしかに、私たちの世代にNPOは人気で、特に高校時代は入りたいと言っている学生が多かったです。お金を稼《かせ》ぐというのではなくて、人を助けるとか、社会に貢献《こうけん》できるという満足感をみんな求めていたんでしょうね。でも、私のように実際に勤めてみると、サラリーが安いし、だから人の入れ替わりも激しい。10人中8人はすぐに辞《や》めてしまったりします。私も正直、NPOでずっと働くつもりはなくて、あくまで新卒では他にとってくれるところが少ないので、入らざるを得ないということね。いろいろなNPOがあるから経験が積めるし、履歴書《りれきしょ》にも書けるのでその後の就職に有利でしょ」

政治については、

「ジェブ・ブッシュは第三次ブッシュになっちゃうからダメね（ジョージ・H・W・ブッシュ元大統領の三男。2月に指名争いから撤退《てったい》）、でもヒラリーは賃金問題をなんとかしてくれそうだから好き。今は資本主義が進み過ぎていて格差が大きいので、もっと公平にするべきだと思う。それと、学校で、子どもが落ちこぼれていくようすや学習環境の悪さを目の当たりにして、これは変えなきゃいけないと思ったの。教育現場の改善については、儲《もう》からないからといって誰もやろうとしないんだけど、これはおかしいことだと思う」

〈イギリス編〉イギリスの「ミレニアルズ」はコービンを支持

ロンドンの質素な学生たち

イギリスでも、１９８０～90年代に生まれた若者世代は「ミレニアルズ」と呼ばれています。彼らが、今最も支持する政治家は、労働党党首のジェレミー・コービンと言われています。

昨年（２０１５年）５月の総選挙で、現在のキャメロン首相が率いる保守党が大勝利を飾《かざ》り、リベラルである労働党は壊滅《かいめつ》的な打撃《だげき》を受けました。

そこで、刷新のために9月に党首選を行ったところ、６割近い支持を得て党首に選ばれたのがこのコービンなのです。

「反ブルジョア」「平等・公正」を唱え、エネルギー事業の公営化や核放棄《かくほうき》などの政策を唱え、労働党内でも「極左」と称《しょう》されるコービンが当選したことは、物議を醸《かも》しました。

この時労働党は、より国民の声を聞くために党員や組合などの組織メンバー以外に、３ポンド払えば党首選に投票できる「登録サポーター」というシステムを採用しました。これによって、ミレニアルズ世代の労働者や学生票が大量にコービンに入り、コービン党首が誕生したわけです。若者の支持が多いことから、コービンを「フェイスブック政治家Facebook politician」と揶揄《やゆ》する人もいるようです。

一部の富裕《ふゆう》層が優遇される経済政策を改め、大学の授業料無料化、学生補助金再開、10ポンドの最低保証賃金などを打ち出したコービンの政策は、アメリカ大統領選の民主党のサンダースとよく似ています。

アメリカと同じように、イギリスの若者も、学費負担と就職難、低賃金に悩《なや》まされ、上の世代よりも貧しくなっているのです。

２０１０年にイギリス（イングランド）では大学授業料の大幅値上げを検討する動きが起き、学生たちの大きなデモが起こりました。しかし最終的にはその年の議会の承認を得て２０１２、13年度から各大学ともそれまでの3倍近い、最高で年間９０００ポンドの新授業料制度が実施されています。

イギリス（イングランド）では、授業料と生活費にあてられる在学中支給の貸与制奨学金というシステムがあり、基本的に学費は卒業してからの「後払い」となります（給付制奨学金もあります）。

また、イギリスにも、日本のような新卒採用のシステムはなく、就職は厳しいものです。２０１４年の若者の失業率は16・7％と、この数年より改善してはいるものの、かなり高いと言わざるを得ません。学生たちは値上がりした学費を社会に出てから支払うわけですが、就職できなければこれを返すこともできません。

こうした中、イギリスでも、特にロンドンの学生たちは、これまで以上に大変質素な生活を送るようになってきています。家賃が東京では考えられないくらい高いロンドンでは、学生が部屋を借りるにはルームシェアが当たり前ですし、男子でもあまり外食はせずに家で自分で調理をします。食材はオーガニックが好まれるようになっており、地産地消が実現できる地元産が好まれるようになってきています。外でコーヒーを飲むなら、スターバックスより英国産のコスタコーヒーという価値観も出てきているようで、グローバル化の中、徐々《じょじょ》にアメリカ資本の食文化が浸透《しんとう》しているイギリスですが、逆に、自国志向、地元志向が高くなってきているのです。

時として、食事がまずいと言われてきたイギリスですが、ロンドンオリンピック以降、外食産業がかなり充実《じゅうじつ》してきました。しかし、ロンドンの外食代は消費税が非常に高く、若者たちにはそうしたレストランに足をのばす余裕がありません。

いつの時代も、どこの国でも、もともと学生とは貧しいものですが、リーマンショック以後、さらにその状況は厳しくなり、質素で消費をしない生活が求められるようになっています。「さとり世代」と言われ、消費意欲が少ないと言われる日本の若者ですが、世界的観点から相対的に見ると、日本の「さとり世代」は外食もするし、消費をする人たちと言うことができます。

イギリスの若者層失業率（15 ～ 25 歳）

年	データ%	世界順位
2014	16.7	82
2013	20.09	64
2012	21.39	57
2011	20.1	65
2010	19.6	68
2009	19.1	69
2008	14.5	78
2007	14.5	82
2006	14	91
2005	12.5	102

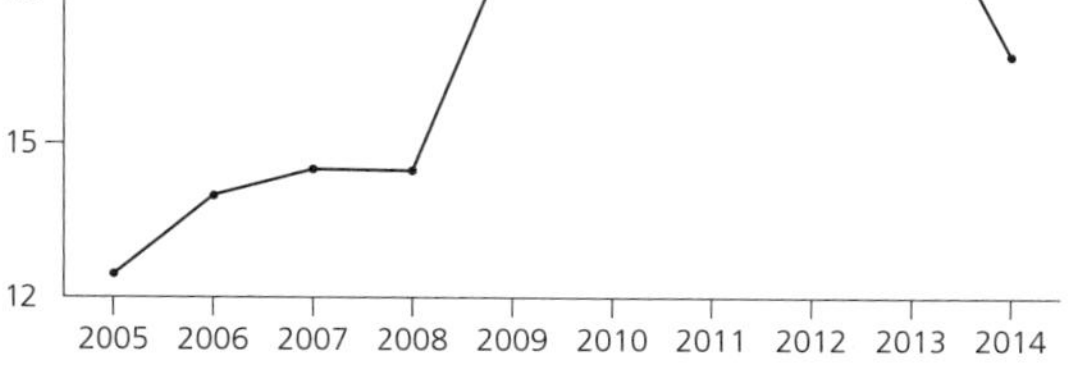

資料：GLOBAL NOTE 出典：ILO

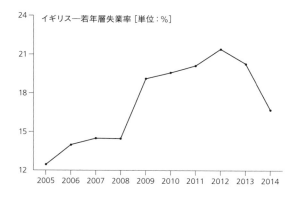

ロンドンの若者たちから、唯一《ゆいいつ》よく聞かれた外食店というと「ナンドスNando's」というポルトガルスタイルのファストフードでした。洋服もアメリカの「ミレニアルズ」や日本の「さとり世代」と同じようにファストファッションが普通です。

そんな彼らにとって、大卒エリートではなく工科学校出身というコービンのプロフィールには、とても共感できるものがあるでしょう。トレードマークの、自転車にノーネクタイという彼のライフスタイルにも親近感がわくのです。

2016年に入ってロンドンで若者調査を行ってきましたので、そこから若者たちの声を少しご紹介しましょう。

ジャック（仮名・19歳）

イギリス西部のブリストル出身のジャックは、美術大学の学生です。英語とスペイン語を話すバイリンガルです。現在は、ロンドン市内で男性2人、女性1人でルームシェアをしています。

お洒落《しゃれ》なジャージを着こなしていて趣味はバンド。演奏活動で月80〜100ポンド（100ポンド＝1万6000円ぐらい）の収入があるそうです。

インタビュー中は、ルームメイトの大学生と声を揃《そろ》えて「お金がない」「学費が高くて」を連発していました。

「ロンドンに住めて、やりたいことができているから幸せだけど、ロンドンは天気が悪く雨の日が多いのと、交通費が高いことに不満を感じている。あと、家賃がもう少し安ければいいんだけど。今は、政府からの奨学金と両親からの仕送り（300ポンド／月）で生活していて、地元に帰った時にレストランでアルバイトをしており、それが収入源。これに、あと週110ポンド増えればいいんだけど」

政治や移民問題については次のように言っています。

「なんといっても、ジェレミー・コービンには期待しているよ。彼は限られた一部の人たちからだけでなく、多くの若者から支持されている」

「移民については僕は大歓迎《だいかんげい》だね。いろいろな人が来るのはよいことだと思う。多民族・多文化性がイギリスのよいところで、僕自身が好きなところでもあるからね。ただ、移民は差別を受けやすく、格差ができてしまうことは問題だと思う。EU離脱問題については、離脱しないほうがいいと思うよ」

ジャックとルームメイトの間ではコービンの評価は高く、「コービン最高」「彼はクールだ」「（イギリスでも）アメリカのようなサンダース現象が起きているんだよ！」と、かなり熱く語っていました。

ジャックの部屋はきれいに片付けられ、持ち物も洗練されていた

さて、インタビューがほぼ終わってからあることに気がつきました。ルームシェアをしている彼らそれぞれの部屋を見せてもらっていたら、ジャックの部屋だけが広いし、持ち物がやたらと洗練されていて高そう。取材を調整してくれたコーディネーターさんの推測では、「おそらく、ジャックくんは友達の手前、庶民（ワークラスかローワーミドルクラス出身）のふりをしているけれど、実はアッパーミドル（中流の上）クラスかアッパークラス出身なのではないか」と言うのです。

イギリスは階級社会なので、アッパー（上流）・ミドル（中流）・ワーキング（労働者）の3階級の差は、イギリス人にとってはある程度明白です。

しかし、コービンを支持する「ミレニアル

ズ」のロンドンの大学生の間では「お金がない」「学費がつらい」という話題がもはや欠かせない共通項《こう》になっています。だから、本当は裕福な家庭出身であるにもかかわらず、彼は庶民《しょみん》のふりをして、周りの大学生たちと話を合わせているように見える、とコーディネーターさんは推測したのでした。日本も格差が広がり、徐々に階級社会に向かっていると言われているので、日本の未来にとって大変示唆《しさ》に富むエピソードだと感じました。

ジェイコブ（仮名・21歳）

彼が住んでいるロンドン中心部の公営団地を訪ねました。公営とはいえ、交通の便のよい都心にあるため、外見は古くて汚《きたな》いものの、かなりの人気物件だそうです。内装がきれいにリフォームされており、「この家は売ればかなりいい値がつく」と、コーディネーターさんがそっと教えてくれました。

ジェイコブは、この家に、ＤＨＬに勤務する父と、エアロビクスのインストラクターをしている母、そして猫と暮らしています。

「僕はネットギークだから」と、「ギーク geek」（オタク）を自称しています。

「今は、メディアの専門学校を卒業して、ＩＴ系企業のインターンシップを探しているところ。毎日、午後3時か4時ぐらいに起きて、パソコンを自分で組み立てたり、ユーチュ

日本でも持っている若者が増えた電子タバコ（ジェイコブのもの）

ーブに対戦型のゲームの実況をのせたりしている。フェイスブックにもかなり投稿《とうこう》している。今の自分は、人から『いいね』をもらうために生きているんだ」と言っています。彼はネット上に友達がたくさんいて、すでにそちらのほうがリアル空間になっているようです。

　ユーチューバーとしての収入は、「去年の年収は約２３０万ポンド（日本円にして４００万円ぐらい）。最低でも1時間15ポンドは稼いでる」そうです。

　しかしながらジェイコブは、日本でイメージするところのオタクとは違い、服装にかなり気を使っていて、センスもなかなかです。また、ミレニアルズの象徴アイテムと言われる電子タバコを吸っており、熱狂的なグーグル好きです。

「コンピューターサイエンスを勉強してグーグルに入りたいけど、ダメだったら自分でビジネスを立ち上げるのもいいと思ってる」

政治についての関心は、全くないようです。

「政治家ってスーツを着ていて、僕らの世界とかけ離れているし、アピールしてこないよね。アニメで政治についての講座があれば、みんなもっと政治に関心を持つんじゃない？」

コービンのことも「労働党の党首というのは知っているけれど、それ以上のことは何も知らない」と言います。選挙については、

「前回の選挙には行かなかった。投票すると電子情報のシステムを通じて、情報が全部公開されてしまうから嫌《いや》だ」

と言っていてちょっとびっくりしました。イギリスでは2010年よりインターネット選挙活動が解禁になっていますが、ネットによる投票は行われていません。

彼自身が趣味でハッキングを得意としているらしいので、その関係でどこかから得たトンデモな情報なのかもしれません。

日本の若者の政治離れはよく言われますが、こうして世界の若者を現地に訪ねてみると、政治に無関心な若者は欧米にもかなりいるというのが実感です。

イギリスでも「政治のことはそんなに知らないけど……」と言う若者はいましたが、その一方で、政治について語る若者の中では、コービンの支持が高いようでした。また、「ミレニアルズ」は、自身も移民や移民の友達が多い世代なので、基本的には移民問題には寛容で、同時にEU離脱には反対と言っている人が多いように感じました。

グレン（仮名・24歳）

最後に会ったのが、医学部の学生であるグレンです。彼はいろいろな点でそれまでに会ったイギリスの平均的な若者たちとは異なっていました。

イギリスの医療システムは日本の国民皆《かい》保険制度に近く、それ以上とも言われ、旅行者もタダで医療が受けられる仕組みがあります。その一方には先進的な医療を受けられる私立病院もあり、こちらはものすごく高額の費用がかかります。

そして、医師はこの国でも超エリートです。グレンは両親も姉も医師という一家。彼も名門と言われるキングス・カレッジ・ロンドン大学の医大生です。

「平日は6時半に起きてランニング、スイミングをしてからシリアルとヨーグルトの朝食。8時半〜9時ごろに病院へ行き研修医として医師の診察に同行します。それから授業があって、家に帰るのは16時半〜19時の間。夕食は自炊です。僕は料理が好きなので自分で作る。得意なのはアジア料理だね」

現在はシェアハウスで6人のシェアメイトと暮らしていますが、持ち物も身のこなしも、少なくともアッパーミドルクラス以上のお金持ちであることが伝わってきました。

「同い年の医学生の彼女とはもう交際5年目。彼女も料理が好きだから、デートは彼女の家で一緒にご飯を作って食べて、ゆっくりしていることが多いかな。結婚は、来年一年間一緒に住んでからかな。もし決まったら、折半して家を買おうと思っている」

政治について、グレンは保守党を支持しています。

「キャメロンは好き。彼の話すことは正しいと思う。また、元ロンドン市長のボリス・ジョンソンも素晴らしいね。コービンについては、若者が支持しているらしいけど、僕にはよく意味がわからない」

EU離脱や移民についても、次のように言います。

「EUについては、離れたほうがよいと思っている。経済危機のスペインのことを考えるとEUのスペインへ払う巨額の救済資金について交渉《こうしょう》がうまくいっていないから。

それと、移民については、毎月もらえる子ども手当が、イギリス人以外にも支払われているのがよくないと思う。働いて子育て支援金（child benefit）をもらうのはOKだけど、子どもが母国にいて海外送金している人がいるんだよ」

コービンではなくキャメロンを支持。移民にも多少厳しく、EU離脱も支持……平均的なイギリスの若者と彼との考え方の違いは、おそらく階級の違いからくるものだと思われます。すでに恵まれている階層の人々からすると、自分たちの既得権益を奪う可能性がある移民やEUの他の国には厳しいのかもしれません。

ちなみにキャメロンもボリス・ジョンソンも、イートン校からオックスフォード大学へ進学した超エリートで王族の子孫にあたる家柄《いえがら》です。イギリスはやはり階級社会であり、世代論だけではくくれない大きな分析軸《じく》が存在していると感じさせられたのです。

〈フランス編〉テロ後の極右化とマクロンを支持する若者たち

極左と極右に揺れるフランス

リーマンショック後、多くの先進国で若者は社会福祉の充実した「大きな政府」に心の安らぎを求めていて、サンダースやコービンのような社会主義的な政治家に人気が集まっています。

フランスで、その立ち位置にある政治家といえば、社会党のエマニュエル・マクロンだと言われています。元エリート銀行家であったマクロンは、現社会党政権のオランド大統領が抜擢《ばってき》し、2014年に36歳で入閣。現在は経済・産業・デジタル大臣を務めています。若者からの人気を狙《ねら》った大抜擢と言われていますが、実際、大統領選の候補としては、オランド大統領はもとより、バルス首相よりも人気が高いと言われています。

私は今年に入ってフランスで若者調査を行いましたが、多くの若者からマクロンの名前が出てきて、その人気のほどがうかがえました。

「イケメンだから、若い女性の人気が高い」と言う人もいますが、若者だけでなくその親世代からも「マクロンには期待できる」という声が聞かれています。

一方、今フランスでは、極右政党と言われる国民戦線（FN）を支持する若者も増えていることが、社会問題にもなっています。

今の国民戦線の党首であるマリーヌ・ル・ペンは初代党首ジャン＝マリー・ル・ペンの三女で47歳。それまでの国民戦線が進めてきた「反アラブ、反ユダヤ」「移民排斥《はいせき》」というかにも極右的な政策をひっこめ、「フランス文化を尊重する移民は認める」とか「同性愛・妊娠中絶の容認」といった穏健《おんけん》路線を進めて庶民の人気を勝ちとっています。

特に、2015年11月に起きたパリ同時多発テロの直後に行われた州議会議員選挙（比例代表制）の第1回投票（12月6日）では、国民戦線の得票率が大きく躍進しました。全13選挙区のうち6区で国民戦線が首位となり、フランスの第1党となる可能性が出たのです。

その後、12月13日に行われた第２回投票では、国民戦線を嫌《きら》ってか、社会党やサルコジの国民運動連合（中道右派）に投票する人が多く駆《か》けつけ、13のすべての選挙区で国民戦線は敗退したのです。

しかし、年齢層では、10〜30代の国民戦線への投票率が高かったと言われています。つまり、リーマンショック以降の世界が左翼化する以前に、フランスでは、すでに長く社会党（中道左派）が政権を握ってきました。ところが、若者たちにとって有効な雇用問題、失業対策がなされなかったために、失業率はどんどん上がっています。

フランスの若年失業率は、２０１４年で23・８９％となっていて、15〜24歳の若者のうちほぼ４人に１人が失業しているという状態にあります。さらに、仕事がある人でも、若年層では非正規雇用の割合が53％にものぼります。

このような状態で、フランスでは、「ミレニアルズ」に該当《がいとう》する世代の若者について、「サクリフィスジェネレーション（Génération sacrifiée）＝犠牲になった世代」という呼び方もされています。

この厳しい状態が、移民や難民の流入、テロ事件への不安とないまぜになって、右翼政党への支持が広がったと言われています。

フランスの若者層失業率（15～25歳）

年	データ%	世界順位
2014	23.89	47
2013	23.7	49
2012	23.79	52
2011	21.89	56
2010	22.6	53
2009	22.89	50
2008	18.39	58
2007	18.89	58
2006	21.29	49
2005	20.5	53

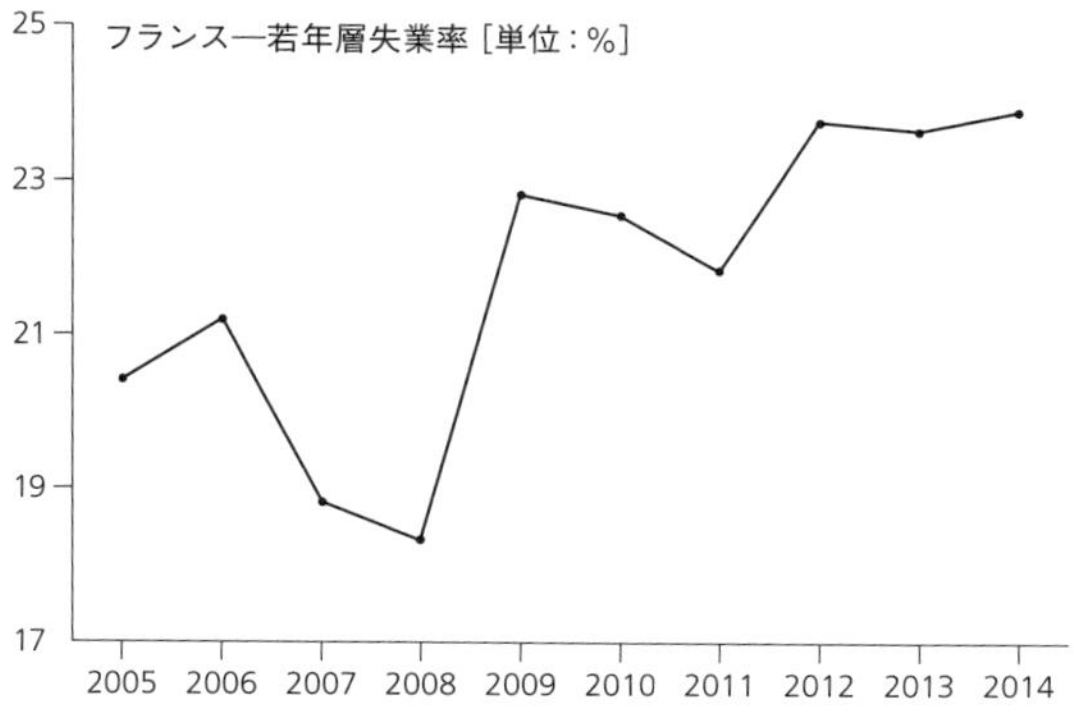

資料：GLOBAL NOTE 出典：ILO

もっとも、今回私がインタビューを行ったパリの若者たちは、「ル・ペンはいやだ」「移民は受け入れるべき」と言っていたので賛否両論あるのだと思いますが。

さて、マクロンについてですが、4月6日に集会を開き、「アン・マルシュ（En Marche!）」という新しい政治組織の発足を発表したというニュースが飛び込んできました。

マクロンはこの組織について、

「左右のいずれにも属さず、新たなやり方で政治を進める新勢力として、幅広《はばひろ》い人々と協力していきたい」

という抱負を述べているそうです。

「アン・マルシュ」とは「行進、進め」という意味になるそうです。そのネーミングとコンセプトは、後に述べるスペインの「ポデモス（We can の意味）」にもよく似ています。ポデモスのように、若者のさらなる支持を受けてフランスの政治に旋風《せんぷう》を巻き起こすことになるのでしょうか。

テッサ（仮名・21歳）

ロリータ・ファッションとパンダが大好きというテッサは、ゴブランというアート専門学校（Gobelins l'Ecole de l'Image）の卒業生です。学校では印刷技術を専攻し、今は印刷機械を取り扱《あつか》う会社の事務職をしています。

フランスでも、イギリスやアメリカのように新卒の就職は非常に厳しいものです。その中で、ゴブランはパリ商工会議所の運営で、卒業後社会に即戦力《そくせんりょく》となる能力を身につけることを目的としている専門学校です。

毎日、お弁当を持って会社に行き、17時に終わったら1〜1時間半スイミングをしてから家に帰るというのが、テッサの日課です。

フランスでは法定労働時間が週35時間と日本（週40時間）より短い上に、残業をする習慣はほとんどありません。

かつてはパリの女性は料理をしないと言われていたそうですが、今は物価が高いので女性も男性も自炊《じすい》をするようになってきたようです。日本でも学校や会社に弁当や水筒を持って行く「弁当男子」や「水筒男子」という言葉が流行語となっていますが、フランスでもランチに弁当を持って行く若者が増えているそうです。確かに、今、世界の先進国では、ミレニアルズたちが料理に関心を高めているため、料理本コーナーが増えているようです。

「デートでは映画に行ったり、散歩をしたり。エッフェル塔《とう》やシャンゼリゼなんかにもよく行ってぶらぶらするわ。彼氏は高校の先輩《せんぱい》で配送関係の運転手。付き合って1年。彼の

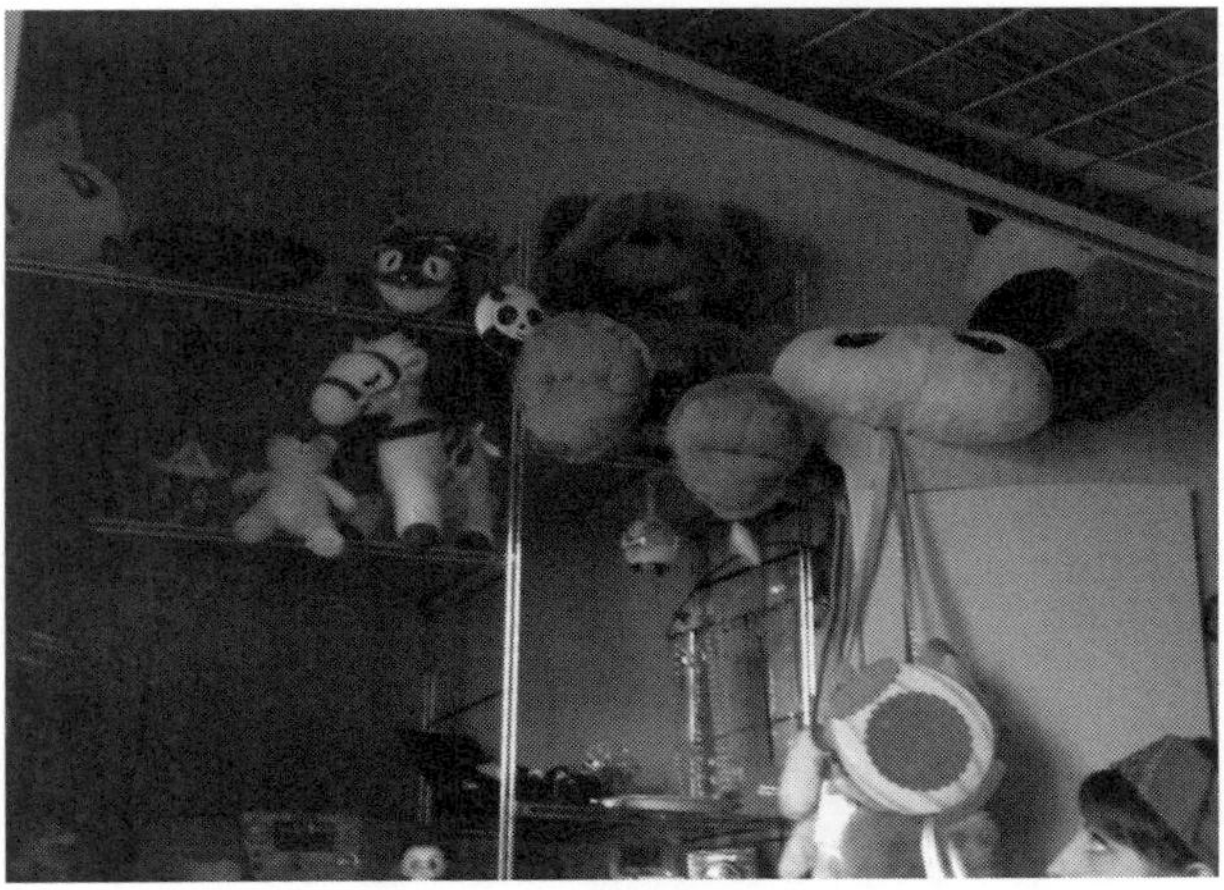

テッサは日本のカルチャーに興味があり、日本のキャラクターも好き

髪型と目が好き。痩《や》せているところも性格も全部好きかな。デートではだいたい割り勘ね。昔は男性が全部払っていたのだろうけど、今は割り勘が当たり前。やっぱり上の世代と比べて男性の稼ぎが少なくなったから。今の私の同年代のパリの女子で、男性に自分以上の給料を求める人はほぼいないと思います。それを期待しても現実的ではないので」

「結婚はいつか彼としたいけど、今のところ時期はあまり考えていない。それに今は私たちの給料ではふたりとも実家に住まないと生活が厳しいの。結婚するならやっぱり実家からは出たいから、そのめどが立たないと結婚は考えられない。パリは家賃が高いから、私たちの給料では独立は無理。フランスの嫌いなところは物価の高いところね」

政治については、「オランド大統領には本当にがっかり。原発廃止《はいし》とか公約をひとつも実現できていないから」と言っていました。

昨年11月のテロでは、友人の友人にあたる人がコンサート会場で被害《ひがい》にあったそうで、「今思い出すだけで気分が悪い」と言いつつも、「だけど、移民や難民の受け入れは何の問題もないわ。これから先も受け入れていくべきだと思う」と言います。多人種化がすでに進んでいるパリの若者にとって、移民・難民は今から規制するという類の話ではなく、すでに身のまわりにある事実。上の世代に比べ、移民や難民に優しい傾向があるのも、欧米の若者たちの特徴です。

レオ（仮名・21歳）

レオはソルボンヌ大学の大学院生で、専攻はコミュニケーションです。週に2日は学校に行き、3日は国営のテレビ局で勤務しています。

このように週に3日企業で働くことで、企業が学費を負担する「オルタナンス（交換）」というシステムがフランスにはあるそうです。

テレビ局では、音楽メインの番組など3つの番組に関わり、学校ではジャーナリストになるための勉強をしていると言います。

レオの実家はノルマンディーにあります。父はプログラマーで母は看護師。医療関係のパリの大学に通う妹が故郷にいます。

「ノルマンディーは、よく絵描《えか》きが訪れるほど、景色のとてもきれいなところだよ。僕も2週間おきに帰っている。パリでは車を持っていないので、家に帰るときはもっぱらブラブラカーを使っているんだ」

「ブラブラカー（BlaBlaCar）」というのはインターネットの相乗りシステムで、アプリで同じ出発地と目的地の人を見つけて、金額が合えば利用するものです。電車やバスの便がない田舎《いなか》に行くにも便利ですし、シェアすることでガソリンの使用量が減り、環境にも優しい。これが、経済的に厳しくエコ意識も高い「ミレニアルズ」の若者にとっては好感の持てる事業になっているのです。

テロについても、政治についても聞いてみました。

「テロ以降のフランスで、変わったところがあるかって？　大変残念なことだけど、僕はパリの人々が互《たが》いに不信感を持つようになったと思う。人に親切にできなくなった。難民についてはもちろん助けてあげたいけれども、この問題をうまく解決するのは難しいね」

フランスでは、今年の4月に入り、労働法改正案に反対するデモや暴動が激化し、各地で警官と衝突《しょうとつ》して１００人以上の逮捕《たいほ》者が出ているとＡＦＰなどが伝えています。これについてレオは次のように言っていました。

「今、労働に関する法律が変わろうとしているけど、この法案について僕はあまり好きじゃない。会社と従業員の雇用契約《けいやく》をゆるくして、企業側の裁量をより広げようという内容なんだ。また、今の週35時間の法定労働時間を超える労働については、超過《ちょうか》勤務手当てを削《けず》る改革も盛り込まれている。僕は政治にはあまり意見を持っていないんだけれど、オランドはいい大統領ではないと思う」

マクロンについての印象はよいようです。

「マクロンはサンダースみたいな人だね。若者にはすごい人気で、特に見た目がよいので、女性の間ではカリスマ的な存在になっていると思う。経済に力を持っているので、格差がなくなるような政策をとってくれることを願っているよ」

アレット（仮名・19歳）

彼女はＩＴＭというパリでトップクラスのメイクアップ専門学校の1年生です。音楽著作権関係の仕事をする母と、パリ郊外《こうがい》に暮らしています。父は3年前に亡くなったそうです。

フランスでは、家族や友人とも政治や社会の話をすることが多いと言われています。このインタビューでも、アレットとママとの会話がとても象徴的だったので、できるだけ、そのまま読んでいただこうと思います。

アレット　フランスは自分の表現が自由にできるのがいいところ。フランスには残業もないし、労働環境もよいと思う。

ママ　フランスは経済的には豊かと言われているけれど、逆に締《し》め付けているようにも見えるわ。ロンドンは日曜日にお店があいているけれど、パリではシャンゼリゼしかあいてない。国が労働者を守り過ぎているのよ。

アレット　私がこの国の嫌いな点はタバコのポイ捨てが多いところね。だから街が汚くなる。きっとパリの人はすごくストレスがたまっているから、あんなにタバコを吸うんだと思うわ。

——テロや難民についてはどう思いますか？

アレット　あのテロで亡くなった知り合いがいるの。私だって、あのコンサート会場にも行ったことがあるし、あの地域にも行ったことがある。でもね、テロリストと難民は区別しなくちゃいけないわ。難民は助けないといけない。これはママも同じ考えなんじゃない？

ママ　むしろ、難民をしっかり受け入れる体制が整っていないことが問題ね。

アレット　ル・ペンは嫌い。人間的じゃないもの。性別とか人種に対する考え方が差別的で常識を超えているわ。

ママ　ル・ペンは、テロを利用しているのよ。国民を煽って怖がらせたり、憎《にく》しみを持たせたりして、すべての移民や難民を国に送り返そうとしている。

アレット　イスラム教はすべてテロリストだと言ったりして、アメリカのトランプと同じだわ。

――その他の政治家については？

ママ　オランドは正直な人だと思う。私はテロの時期にオランドが大統領でよかったと思うわ。すごく冷静に問題を解決していったので。サルコジだったらああはいかなかったでしょうね。

アレット　マクロンのことはどう？　私はまだあまりよく知らないけど、彼は正直な感じがする。

ママ　そうね、革新的なことをやってくれそうに見えるわね。マクロンなら、週35時間の労働時間を週45時間にしたり、日曜日にお店をあけたりできるようにしてくれたり、フレキシブルにいろいろな問題に対応してくれるかもしれないわ。

アレット　マクロンなら、大統領になってもおかしくないと思う。

フランスの家庭では、子どもが7、8歳から親と政治の話をするようになることが多い、とふたりは話してくれました。アレットのママは、そういう状況にもっていくのが「親の役割でもある」と言います。

「私も、ママになったら子どもと政治の話がしたい」(アレット)

中学や高校でも、政治に関するディスカッションの時間はかなりあるそうです。

19歳のアレットは、今年初めて地域の選挙に参加したそうです。

「投票することで自分の意見を言えたのがよかった」と喜んでいました。

18歳選挙権が実現される日本でも、学校などの教育の現場と、親などと家庭で、日常的に政治の話をする環境が整えば、彼女のように選挙を楽しいと感じ、自分の意見を表現することに意味を見出《みいだ》す若者を増やすことができるかもしれません。

〈その他〉変動する世界の政治と若者たち

スペインのポデモスは新しい政治手法で大躍進

不況の続くヨーロッパでも、特にユーロ圏《けん》でギリシャとともに高い失業率に悩《なや》んできたのがスペインです。2014年の失業率は24・7％（出典：ILO）。25歳以下の若年層では57・9％で、実に若者の2人に1人には仕事がないという最悪の状況です。

そこに現れたのがポデモス（Podemos）です。ポデモスとは、スペイン語で「We can＝我々にはできる」という意味。と言うと、オバマ大統領のキャッチフレーズの真似のようなのですが。

党首のパブロ・イグレシアスは、マドリード・コンプルテンセ大学の政治学教授で、1978年生まれの37歳です。他の主要メンバーも大学教授や学者など、当時30代のメンバーで構成されていました。

2014年1月にポデモス党が結成された時、既存《きそん》の政党とそれを支持する大人たちは、「大衆に迎合《げいごう》しているだけの政党で、そのうち消滅《しょうめつ》する」として、相手にしませんでした。

しかしポデモスは、政党設立からわずか4カ月後、5月の欧州《おうしゅう》議会議員選挙でスペインの第4勢力となり、翌2015年5月のスペイン総選挙では69議席を獲得《かくとく》して第3党に

スペインの若者層失業率（15～25歳）

年	データ%	世界順位
2014	57.9	2
2013	57.09	5
2012	54.29	4
2011	47.09	8
2010	42.5	12
2009	38.5	15
2008	25.39	29
2007	18.5	58
2006	18.5	61
2005	20.39	56

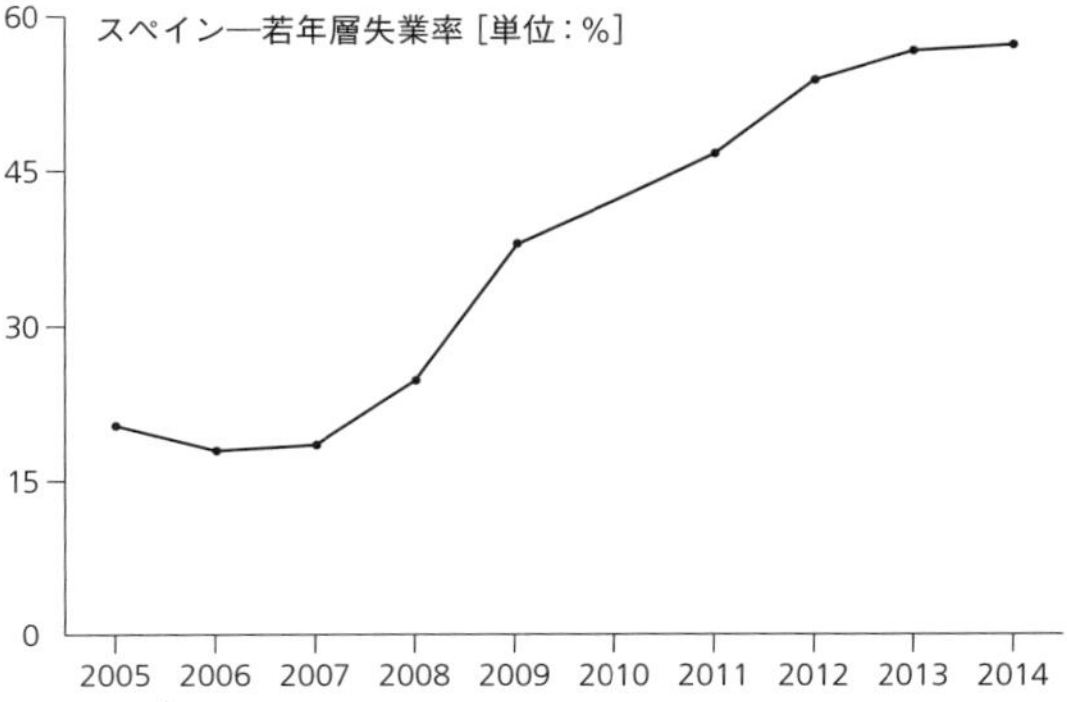

資料：GLOBAL NOTE 出典：ILO

浮上したのです。

ポデモスの新しい政治手法は、若者だけでなく幅広い世代の共感を得ています。それは、政治資金をクラウドファンディング（インターネットで寄付や出資を呼びかける方法）で集め、誰でも参加できる集会を開いてそこで出た意見をマニフェストに反映させるという方法です。

党首のイグレシアスはテレビの政治討論番組の司会者をしていた経歴もあって、メディアの使い方が上手です。フェイスブックやユーチューブも積極的に活用して、支持者にアプローチしています。

結成当初は「反緊縮《きんしゅく》政策」を唱えて「極左」とされていましたが、現在では右か左かというイデオロギー色をできるだけ排《はい》して、民衆と連帯するというスタイルを確立しつつあるのです。

また、第3党となったポデモスとともに、40議席をとって第4党となったシウダダノス党も注目されています。こちらは新右翼勢力で、党首アルベール・リベラは、1979年生まれの36歳。バルセロナ出身の法律家です。

このふたつの若者政党が票を伸ばしたことによって、スペイン国会は国民党（中道右派）と、社会労働党（穏健左派）が、どちらも単独過半数をとれなくなりました。40年間にわたって、どちらかが交代で国政を担《にな》ってきた2大政党制の時代が終わったのです。

韓国の若者に襲いかかる特殊な事情

これまで、18歳選挙権で日本に先駆ける欧米の若者たちの現状をご紹介してきました。これにより、欧米の若者たちも日本の若者も、置かれている状況がかなり似てきており、世界の先進国では、若者たちが上の世代に比べ、相対的に苦しい状況に置かれるようになってきていることをご理解いただいたと思います。

この傾向は、実は欧米や日本のみならず、アジアの先行エリアでも起こっています。例えば、韓国ですが、15〜25歳未満の若者たちの失業率は10・39％（出典：ILO　2014年）と、欧米先進国ほどではないですが、高い状況にあります。

韓国の若者世代を示すものに「88万ウォン世代」という言葉があります。88万ウォンは約10万円程度。20代の非正社員の平均月収が、年齢やスキルが上がっても、ここから上がらないことを指しています。

その原因のひとつが、ヒュンダイやLG、サムソンなど一部の財閥《ざいばつ》があまりにも力を持ち過ぎて、多くの市場を支配してしまっている実態です。10大財閥が韓国GDPの約75％を占《し》めると言われる歪《ゆが》んだ構造になっていて、財閥にうまく入社できた人はまさに勝ち組ですが、その登竜門《とうりゅうもん》は非常に狭《せま》くなっているのです。

そこでいつまでたっても月収が88万ウォンから上がらない人が生まれ、この人たちと財閥企業に入社した人とでは、生涯《しょうがい》賃金に雲泥《うんでい》の差ができてしまうのです。

また、韓国では、大学進学率が80％を超えています。日本以上に受験勉強に追い立てられた上にやっと卒業しても、希望の就職ができないのです。ソウル大学は日本で言えば東大に匹敵《ひってき》する名門校ですが、この大学出身者ですら、卒業生の3分の1は希望の就職ができないと言われています。

他の大学ではどうなっているか、推《お》して知るべしというところです。

韓国の若者の間には「三放《サムポ》世代」という言葉が生まれています。これは、「恋愛・結婚・出産」の3つをあきらめている世代ということを意味します。なんともつらく、切実な状況です。

最近では、それが「五放《オポ》（さらにマイホームと人間関係）」「七放《チルポ》（さらに夢と希望）」と、どんどん増えていると言います。

このような状況に対して、韓国の政党は与野党とも、「雇用拡大」や「格差是正」などの公約を作ってアピールしていますが、具体的な対策はなかなか行われていないようです。

昨年11月には若者の就職難や格差拡大への対策を求めて、ソウル市内で大きな反政府デモが行われたという報道が入ってきています。

数年前、韓国での若者へのインタビュー調査のあと、現地の方にソウルの中心部を横切る漢江《ハンガン》にかかる麻浦《マポ》大橋を案内してもらいました。

ここは、かつて5年間で100件以上の自殺があった場所なのです。韓国は若者（15〜24歳）の自殺率が非常に高く、社会統計学者の舞田敏彦《まいたとしひこ》さんの集計によれば世界第2位です（実は第1位は日本なので全く他人ごとではないのですが）。

そこでは、自殺を防止するために、いろいろな工夫が行われています。例えば、長い橋の欄干《らんかん》の端《はし》から端まで「冷蔵庫に昨日入れたものは何？」という言葉や、ハンバーグの写真などが貼《は》ってあるのです。

おいしそうな料理の写真を見て、食欲を感じて死ぬのを思いとどまってほしい。死ぬこと以外の、何か違う楽しいことを考えて正気に戻ってほしいという願いが感じられます。

中国の高学歴ワーキングプア「ネズミ族」「アリ族」

自殺するほどの深刻さの度合いはさておき、若者が苦しい状況に置かれているのは、欧米も日本も韓国も同じですが、実は中国大陸も似た状況になりつつあります。

中国はとにかく大きい国ですから、まだ発展途上のエリアも多く、一概《いちがい》にすべてのエリアを同列には語れません。大都市部では、すでに先進国の若者にもまして、いい大学を出ても自立できない高学歴ワーキングプアの状況が深刻になってきています。

北京《ペキン》や上海《シャンハイ》に地方から出てきた若者は、大学生の時はほとんど寮《りょう》生活をします。そして、卒業後、そのまま都市に残ってよい仕事を見つけようとすると、なかなかよい仕事は見つからず、家賃が高すぎてひとりやふたりでは住めません。

こうした状況下、若者たちの中には、ルームシェアを飛び越《こ》えて、「アリ族」と名付けられた住み方をする人も出てきます。

アリ族は、郊外の賃料の安くて狭い集合住宅で、一部屋にいくつものベッドを入れ、床にふとんで寝る人もいて、何人もでシェアする住み方です。まるでアリの巣のように小さな部屋が無数にある高層アパートに、集団で住むのです。

一方、地上の部屋が借りられないので、ビルの地下室や防空壕《ぼうくうごう》などの穴ぐらに集団で住んでいる場合もあります。彼らは「ネズミ族」と呼ばれています。都市部は家賃が高いということとともに、地方から出てきたので都市戸籍《こせき》を持っておらず、正規の身分証明書がないため、公営の低家賃の住宅に住むことができない人も含まれています。

「アリ族」「ネズミ族」は、「バーリンホウ（80后）」と呼ばれる若者の世代の中に多くいます。中国語で「后」とは、日本語の「後」を意味し、「80后」とはつまり1980年代

（以降）に生まれた若者を指します。彼らは中国社会で大変注目を集めていますが、それは彼らがユニークな4つの特徴を持っているからです。

1つ目は、彼らが「市場経済とともに育った」点。中国が改革開放経済に移行した1978年以降、多くの外資系企業やブランドが上陸する中で生まれました。2つ目は、彼らの多くが「1人っ子」である点。1979年は1人っ子政策開始の年でもありますが、中国では近居・同居が多いだけに、両親や祖父母などたくさんの大人に愛情とお金を注がれて育ちました。3つ目は、彼らの多くが「大卒・ホワイトカラー」である点。中国の大学生の数は、2000年代、つまり80后が大学生になるころから一気に増加します。4つ目は、中国における「ネット・ユーザーのほとんどが彼ら」である点です。

このように、時代的には大変優良な消費者になるはずだった80后なのですが、彼らの中には親の期待を背負って大学を出たはいいが、満足な仕事に就《つ》けない人も多い状況です。

そもそも、中国には新卒一括採用がないので、経験のない新卒をとるくらいなら、経験のある他社の優秀な人間を引き抜いてしまえ、というのが中国企業の発想であることが多いのです。

アリ族にならずにうまく就職できたとしても、中国には、「421問題」と呼ばれる問題もあります。これは、1人っ子同士の夫婦（2人）が、それぞれの両親（4人）と1人っ子である子ども（1人）の面倒を見ないといけなくなっている、ということを意味しています。

すでに、中国政府による1人っ子政策は廃止されています。しかし、都市部での子育てにはお金がかかり過ぎ、子どもは1人しか持てないのが現実だと言われています。

中国都市部の教育問題が、どれだけ深刻か。実際に子育て世代にインタビューを行うと、驚愕《きょうがく》の事実に何度も出会います。

例えば、小学校・幼稚園《ようちえん》のうちから、先生にワイロを渡《わた》していることが明るみに出て、ニュースなどで問題になることが多々あります。中国では、公務員である公立学校の先生が、放課後に塾《じゅく》の先生をやっています。よい成績をつけてほしい生徒は、放課後、授業料を払って教えてもらうのです。中には高額なワイロもあるようで、中学校の先生が、親からもらった航空券で世界一周旅行に出ていて学校に来ないなどという問題が起こることもあるそうです。

日本ではかからないお金までかかるのですから、1人っ子政策がなくなったとしても、子どもは1人しか育てられないだろう、というのが一般的に言われています。

また、この「421」の「4」にあたる祖父母世代は、1979年から始まった「改革開放」政策より前の世代です。

彼らは文化大革命で大学教育を禁じられ、資本主義が否定される中を配給を受けて生きてきたので、現代の中国のような市場社会では、なかなかいい仕事には就けないこともありますし、何よりもう退職を迎える年齢になってきています。

つまり、中国では、いい大学を出てうまく仕事に就けたとしても、結婚にも子育てにも、少なくとも大都市部においては日本以上にお金がかかります。４人の両親の面倒も見なければいけないし、１人の子供のためにワイロも払わなければいけない。こんな結婚後の苦しさもあり、中国社会でも非婚化・晩婚化がハイスピードで進んでいます。

台湾の選挙を変えたひまわり学運（太陽花学運）

アジアの先進エリアの中でも、やや特殊なエリア事情があるのが台湾と香港と言えると思います。

２０１４年3月、台湾では国会にあたる立法院が、学生らに一カ月間にわたって占拠されるという出来事が起こりました。学生たちが求めていたのは、台湾政府が中国と結ぼうとしたサービス貿易協定（両岸サービス貿易協定：両岸服務貿易協議）の審議《しんぎ》のやり直しです。

この貿易協定が、台湾の中小商店にとって不利な条件であると思われるのに、充分な審議をせずに強行採決しようとした政府への謝罪も求めていました。この時、立法院を占拠した学生らが掲げていたのが、ひまわりの花でした。また、この占拠のようすがテレビで報道されると、市民や花屋がひまわりの花を院内に差し入れたのです。

立法院外でも大規模なデモが広がりました。その規模は主催者発表で50万人、警察発表では11万6千人、多くの学生や一般市民が、総統府前に集結しました。

この運動は「ひまわり学運」と呼ばれ、台湾国民の幅広い支持と共感を呼びました。その結果、サービス貿易協定の強行を食い止め、審議を監視《かんし》する役割を果たしました。

ひまわり学運の中心となった若者は、台湾で「イチゴ族」と呼ばれた世代です。１９８1～90年ごろの生まれで、「イチゴ」の由来は「見た目はきれいでみずみずしいが、傷《いた》みやすくつぶれやすい、すぐ挫折《ざせつ》」と、大人たちから見てひ弱というイメージからついたものです。

しかし同時に、この世代は、１９４７～87年まで40年も続いた戒厳令《かいげんれい》が解除され、民主化が進む台湾で教育を受けた若者たちです。「中国人ではなく台湾人である」という意識を持つ若者が多く、このことがこの運動につながったと見られています。

ひまわり学運が起こったことにより、台湾と中国の統一派である国民党の馬英九《ばえいきゅう》総統の支持率は急落しました。２０１６年1月に行われた台湾総選挙・総裁選挙では、独立派の民進党が史上初の単独過半数を獲得、民進党候補の蔡英文《さいえいぶん》が勝利して、台湾に初の女性総裁が誕生しました。

まさに若者たちの力で政権交代を実現した、と言っても過言ではないでしょう。台湾も日本同様、少子化が進んでいて、若者人口自体は多くありませんが、若者たちの行動により、人口が多い上の世代にも影響を与えたという点において、今後の日本の若者たちにも参考になるかもしれません。

香港・雨傘で抵抗した学生デモ

香港の行政トップである行政長官の任期は5年で、選挙委員会により選出されています。しかしその選出にあたり、選挙委員が中国共産党中央による指名制になっており、親中派の団体のみが選挙権を持つなど、民主的な方法とは言いがたい状況が横行してきました。

２０１７年の次の選挙でも、中国政府が自由な立候補を認めない選挙制度を決めたことに対して、民主化を求める高校生と大学生が集まり、行政府庁舎前での大規模なデモに発展しました。

２０１４年９～12月に行われたデモでは、非武装のデモ隊に向かって、警察は、催涙《さいるい》スプレー・胡椒《こしょう》スプレー・催涙弾などを使って鎮圧《ちんあつ》を行いました。これに対してデモ隊は、雨傘《あまがさ》を差して無抵抗の抗議を続けました。

「雨傘革命」に対する国連や各国の反応は、おおむね「平和的に抗議する権利に対する支持」（フランス）であり、中国政府への強い抗議はないものの、デモの正当性を認め、中国政府に民主的な対応を求めるものでした。

中国はこれに対して「香港問題は純粋な内政だ。他国が占拠という違法活動を支持する行為には強く反対する」と警告しました。

この運動で、黄色い雨傘は香港の民主化運動のシンボルになりました。翌2015年6月の香港議会で選挙制度の改革案が提出され、黄色い雨傘のデモ行進が再び盛り上がりましたが、改革案は否決されています。

そもそも雨傘革命の背景には、若者たちの貧困があったとされています。中国本土からの投資マネーが流入した結果、香港では地価が急上昇し、家賃が高騰して賃貸住宅にも住めないという不満が生じていたのです。若者たちの経済的疲弊《ひへい》が背景にあるという点では、香港の若者と欧米や日本の若者が置かれている状況は近いと言えるかもしれません。

いずれにせよ、台湾、香港での若者の政治活動を見ると、そこには中国というすぐ隣《となり》にある脅威《きょうい》への不満が非常に大きいことがわかります。

第3章

「18歳選挙世代」の若者のリアルな政治意識とは

12人の「18歳選挙世代」による座談会

この章では、日ごろ私が一緒に活動してる若者研究所の現場研究員のみなさんとその友達に集まってもらい、みんなで18歳《さい》選挙権や彼らの価値観や日本についての思いなどを議論しました。この7月に初めて選挙権を得る現在17歳の高校生から、すでに一度経験している21歳までがいます。

ケイシ（19歳）　日米ハーフ。4月から早稲田大学国際教養学部に進学。趣味《しゅみ》は料理、陸上、映画鑑賞《かんしょう》など。

油井（18歳）　明治学院大学1年。アイドルが好きで、ハロー！プロジェクト・オタク。

飯淵（19歳）　国立音楽大学1年。油井の幼なじみで初参加。趣味はひとりカラオケ。

西浦（18歳）　横浜市立大学1年。和歌山県出身。趣味はバンド系の音楽を聴《き》くこと。主に邦《ほう》ロック。

星（18歳）　明治学院大学1年。中高で合唱、現在はアカペラをやっている。

船田（17歳）　栃木県出身で現在は寮《りょう》暮らし。料理、ランニング、水泳、栃木のプロバスケ応援《おうえん》が趣味。

小林（20歳）　早稲田大学1年。広告研究会所属。趣味は旅行。

松村（19歳）　早稲田大学1年。京都府出身。趣味は音楽などいろいろ。

松林（18歳）　東京都市大学付属高校3年。部活は和太鼓《わだいこ》。アニメオタクでラブライバー。

大田（18歳）　東京都市大学付属高校3年。ロボットアニメ好きでガンダムシリーズはほぼ制覇《せいは》。

清水（20歳）　東京女子大学2年。バイトしてブランドの靴《くつ》や鞄《かばん》を買うのが好き。

稲西（20歳）　早稲田大学2年。愛知県出身。趣味はブラックミュージックを聴くこと。
※座談会では、個人名ではなくアルファベットにしています。

18歳選挙、投票率はどうなる？

原田　新聞やNHK、大学生協による調査を見ると、回答者の約半数が今回の選挙権年《ねん》齢《れい》の引き下げを「よかった」と答えています。みなさんはどうですか？

A　うれしいですね。僕《ぼく》は今18歳で、今回引き下げがなかったら今年の選挙の時には選挙権がなかったんです。周りにいる、投票に行きたい友達と「みんな行けるようになったね」という話をしました。

B　私もうれしい。私は、中学生ぐらいから選挙権があればいいと思っていたんです。

やっぱり、権利がないと関心も高まらないんじゃないかなって。

A　今回、ニュースでもとり上げられて一気に僕の周りの友人達《たち》の関心も上がってきていますよね。政治家も初めて若者のほうを見てくれるようになっている気がします。

原田　第1章でとり上げた新聞などの調査でも、「投票に行く」という回答は、高校生で6割、大学生だと7割ぐらいになっているんですがそんな感じかしら？

B　今度の参議院選挙は7月なんですよね。それくらいの時期って、高校生が部活で引退する前の最後の試合だったりするから、土日も部活の予定が入る。だから選挙権があるのはいいと思うけど、投票率はそこまで上がらないかも。

C　うん、18歳で高校3年生だと、受験とカブっちゃってますからね。高校生のほうが行く人は少ないんじゃないかとも思います。

原田　確かに。今回、初めての試みだから、想定できていないのかもしれないけど、案外と高校生には義務的な行事が多くて、それと選挙がバッティングしちゃう可能性があるね。これだけメディアも18歳選挙権をとり上げて、ムード的にも盛り上がってきているのに、現実的な理由で投票率が上がらなかったら悲しいね。

D　僕が18歳選挙がいいと思う一番の理由は、高校の授業で予備学習をすると思うからです。「どうしていいかわからないから選挙に行かない」という若者は現状多いだろうけど、学校でちょっと学ぶことにより投票率が今後増えていくんじゃないかと思います。
原田　学校で、すでにそういう選挙の授業をやっているところもある？
B　私のいた中学校では、生徒会の選挙の時は実際の選挙に近い形で立会演説会やポスターのルールを作ったり、知事選で使っている投票箱や机を借りてきたりして、選挙を身近に感じられる状況を作って行われていました。
A　授業のカリキュラムで公民の授業が高3に入っているので、たぶんこれから高3でたくさん選挙について勉強するようになるんじゃないですかね。
C　でも、政治の授業ばかりが増えてしまい、一番受験に関心のある高校3年生の時期に、受験に必要ないのに迷惑だと思ってしまう人もいるかも。いっそ、時間に余裕のある16歳から、選挙権があればいいのではないかな。
原田　おそらく、世界では18歳から選挙権を得る国が多いから、という理由で日本も18歳に決まったけど、日本の受験や部活の独自性を考えると、18歳は一番忙しい時期である可能性はあるね。とは言え、感覚的に16歳はさすがに若過ぎる気もするけど。
E　私は、18歳になったので選挙権はあるけど、お酒やタバコは禁止されているわけで、「未成年」とはいったいなんなのかと思うようになりました。18歳と20歳ってそんなに違《ちが》いはないと思うので、いっそいろんな権利も18歳に引き下げたらいいのにと思います。

原田　そこは確かによく指摘《してき》されているところ。運転免許《めんきょ》はもともと18歳で取れるのに、お酒やタバコはダメで、クレジットカードには親の承諾《しょうだく》が必要だとか、大人と認めてるんだか、そうでないのだか、中途半端《ちゅうとはんぱ》じゃないか、これでは若者が困惑《こんわく》し、大人の自覚が芽生えないので投票率も上がらないのでは、という指摘はよくされているね。

若者は政治離れしてる？

F　正直言って、日常的に友達と選挙や政治について考える機会は、これまではほぼゼロでした。18歳に選挙年齢が引き下げられたら、最初の選挙だけは行ってみようかなと思っているけど、責任を持って投票できるかと言われたらどうなのかな。自信はありません。社会の仕組みやいろいろな制度って、きっと働き始めてわかることが多いから、社会人になって自分の意見を持つようになったら、ちゃんと判断して選挙に行きたくなるということは出てくると思うんですけどね。

原田　まあ、今の社会人がどれだけ社会の仕組みがわかって、自分の判断で投票しているかは甚《はなは》だ疑問なので、そんなに心配しなくてもよいと個人的には思うけどね。

あとさ、例えば、年金制度を考えると君たちは「払《はら》った分返ってこない」世代だよね。この事実に直面していることは、学生でも社会人でも同じだよね。「年金、不平等だよ」

と訴《うった》えたいという気持ちなどはないの?

F そういう年金みたいな話は全然身近ではないんですよね。僕たちが大きな負担を背負うということも、友達の間で話題にしている人を見たことがないし。

E 「今の若者は政治離《ばな》れしている」とよく言われるんですけど、私たちは政治離れし過ぎちゃって、逆に、昔の若者がなぜ政治に関心があったのか、不思議ですし、本当なのかな、って思います。

原田 「若者の政治離れ」と言う時によくその根拠《こんきょ》とされるのは投票率ですね。

そして、これは若くなるほど低下しているのが明確に出ている(序章13ページ図表を参照)。だから、正確には「若者の投票離れ」と言ったほうが正しいかもしれないね。でも、戦後の第一世代のベビーブーマー、現在70歳前後の「団塊《だんかい》世代」の時には学生運動がすごく盛んだったし、学生運動に参加していない人でも、政治意識は高かったと思う。彼らは今でも全体的に投票率が高いので。もちろん、退職者がほとんどになり、時間的余裕《よゆう》がある、というのもあるんだろうけど。僕らベビーブーマー第二世代の40歳前後の「団塊ジュニア群」は、「団塊世代」に比べるとだいぶ政治意識は薄《うす》れていたと思います。

では、政治意識の高かった団塊世代が若い時に、正しい判断をできていたかというと、必ずしもそうではなくて、「テレビで著名人がそう言っていたから」とか、そんな理由で支持政党を決めたりしていた人も多かったと思いますけどね。

C　それに対して、私たち世代は「全然政治のことをわかってない人間が投票しちゃっていいのかな」と考えるんですよね。

原田　今は昔と違って熱くて生意気な若者が減って、悪く言えば自信がない、よく言えば謙虚《けんきょ》な若者が増えているもんね。

C　逆に、大してよく知りもしないのに選挙に行こうと思っていた若者のモチベーションが、何だったのか知りたいです。

A　知識がないから選挙に行かないというのは、僕は理想的過ぎるとは思います。例えば基地問題を抱《かか》えた沖縄の人たちとかは、おのずと当事者意識が昔から芽生えやすく政治への関心も高まりやすい。でも、僕らには沖縄の人たちほど当事者意識を持てる明確なテーマがない。だから、僕らは詳《くわ》しい知識がなくても、ちょっとした目先のメリット・デメリットで投票に行くしかないし、それでいいと思う。

原田　シールズが反原発、反安保を掲《かか》げているけど、多くの普通の若者には、あまり身近なテーマと感じられていないのかもしれませんね。でも、今の大学生で奨学金《しょうがくきん》を受けている人はとうとう5割に達したし、欧米《おうべい》の若者のような、経済・雇用《こよう》の問題は、日本の若者にとっても明確なテーマになりつつあると思うけれども。

E　私は正直、次の選挙には行かないと思います。だって、例えばＡＫＢの総選挙なら、自分の投票した子が何位以内に入ったら選抜《せんばつ》されるという明確な結果があります。でも、自分が投票した議員が当選したって何が変わるんだろう。

原田　ＡＫＢ48が選抜されるのと、議員の当落というのは全く同じじゃない？

E　選抜に入ったらその子がメンバーに入ったシングルが出るじゃないですか。でも議員選挙では、当選したその人がどうなるっていうのが見えにくいから入れにくい。

原田　議員バッジをもらって国会に行くようになるじゃない。これだけじゃダメ？

E　ダメ。

原田　表面上は同じことなんだけど、でも、やっぱり、君にとってこのふたつは同じじゃないんだね。ＡＫＢは当選すれば応援していた子がテレビでよく見られるようになる、という明確なメリットがある。でも、いくら投票した議員とは言え、ＡＫＢと同じようにテレビでよく見るようになりたいかというとそれは違う、と。投票した議員がそうなるとも限らないし。ＡＫＢの影響で、応援した人が当選すると、すぐにダイレクトなメリットがあるものが選挙だ、という認識が若者の間で根づいてしまった、という面もあるのかもしれないね。実際の選挙においても、なるべく自分の一票で世の中が変わった手応えを若者たちに少しでも与《あた》えられるような仕組み作りが必要なのかもしれないね。

選挙のことを家族と話した？

A　高校生で選挙権が持てるのは、大学生で持てるよりいいと思う。なぜなら、高校生は親とのコンタクト時間が大学生に比べて長いからです。家族ぐるみで選挙の話ができるようになって、政治についてみんなが考える機会が増えると思います。

C　私はわりと小さい時から投票所に連れていかれていて、投票所で風船とかもらえてうれしかった。だから、選挙には行くものと思ってきたんです。選挙権年齢が18歳に下がったということで「社会の一員として考えていく責任を持つ歳《とし》になったんだよ」っていうことを親に言われて、自分が日本を担《にな》う世代になったんだなって実感しました。

G　僕は政治に興味があって、小さいころから父親とよく政治の話をしてたんです。母親はあまり選挙に行かないタイプだったんですけど、逆に僕の影響で「これからは行こうかな」って言い始めるようになりました。

E　うちは「意識低い系」の親です。昨日、18歳選挙権に関して、「私も、投票に行くようになるのかな？」ってお母さんに相談したら「行くの？　うちの家族誰《だれ》も行ってないじゃん」って言われました。

F　こないだ、テレビで18歳選挙をとり上げたニュースがあって、おばあちゃんとお母さんとご飯を食べながら見てたんです。その時、母親が「近所に衆議院議員の人がいて、あいさつ回りとかしてくれるんで、ご近所付き合いということもあってなんとなく入れてる」と言ったのを聞いて、「あー。そういう感じで投票されてるんだ」ってびっくりした思い出があります。

原田　イヤな気持ち？　ショック？

F　政策を知って、いいと思うほうに投票するものだと思ってたんですよ。でも仲のいい人が自民党だから、自民党に入れようくらいのノリで入れられてるんだって……。

H　うちも全く一緒《いっしょ》。「握手《あくしゅ》したから入れる」みたいなことをお母さんが言ってた。普段《ふだん》からお母さんがテレビでニュース見ている姿とか見たことがなかったんで、納得っちゃ納得だったんですけど。

原田　確かに高校生は親と接する時間が長い最後の時間だから、親と政治や選挙の議論がしっかりできる家庭であれば、この18歳選挙権は、日本人の政治意識を高める素晴らしい機会になるかもしれないね。特に今の若者たちは、『ママっ子男子とバブルママ』（ＰＨＰ新書）に書いたのだけど、男女ともに親との仲が全体的に大変よくなってきているから、「親子で投票所へ」「親子で政治議論」など、「親子で」というのはキーポイントになるかもしれない。そう考えると、まずは中高年の政治意識を高めることが急務かもしれないね。

政治家のSNSを見る?

原田　僕は仕事柄《しごとがら》、よくいろいろな政党から講演を頼《たの》まれたり、政治家の方から「若い人向けの選挙対策を教えてください」なんて言われます。特にみなさんが相当意識しているのが、SNS。ここでいったい何をやればいいのか、大変関心を持っています。みんなの中で、政治家のフェイスブックやツイッターを自分から見に行ったことがある人はどれくらいいる?

G　地元の自民党議員さんのフェイスブックをよく見てます。毎回、維新《いしん》の党の議員さんと勝負するんですけど負けて、比例代表でなんとか滑り込む《すべこ》。地元の情報を発信してくれるし、自民党の中では結構いいポジションなんで、「勝ってほしいな」と思いながら見てます。

I　G君は政治にとても関心がある、今の若者の間ではかなり珍《めずら》しい人なので政治家のフェイスブックを見ていると思いますが、僕の周りで政党や政治家のSNSを見ている人なんて見たことがありません。

E　私もそう。そもそもSNSは、友達とつながる場なので、多少モデルや芸能人をフォローする子はいるけれども、基本的には友達の情報しか入ってこない場だと思います。

原田　まあ、確かにごく普通の高校生や大学生は、SNSで政治情報を得ている子はほとんどいませんね。でも、直接政治家をフォローはしてないけど、誰かのリツイートなどで情報が回ってきた経験はないですか？

E　蓮舫《れんほう》さんのツイートが回ってきたことあります。政治とは全然関係なく、自分のお気に入りのイヤフォンを晒《さら》すタグで、蓮舫さんが「私のお気に入りはこれ！」って出してた。僕がリツイートしたら、友達も何人かリツイートしてて。

原田　確かに政治家の中には、愛犬の写真を載《の》せたり、「これからご飯作ります」なんてつぶやいて、自分が作ったご飯を載せたりする人もいるよね。これは政策だけではなく、人間性を知ってほしい、ということだと思うだけど、こういう身近な情報を載せてくれたほうが、親近感がある？

F　そうですね。政治家が激しく自分の政策ばかりつぶやいてたら、若者には全然響《ひび》かないし、リツイートされることはないと思う。

B　以前、意識高い系の友達に誘《さそ》われて、意識高い系のイベントに参加して、そこで友達になった人が、フェイスブックで首相官邸《かんてい》のページを「いいね」するんで、たまに見るんですよ、安倍《あべ》さんの動向を。首相ってすごい距離《きょり》の遠い人という感じだけど、過密なスケジュールの中でも「奥さんとどこそこのレストランに行った」とか言ってるのを見ると、人間なんだなと思って親近感がわきます。

F　僕も、似たようなことが前にありました。ＳＮＳではないんですが、「安倍さんが六本木に映画を見に行った」みたいな話が週刊誌で叩《たた》かれていたんですけど、個人的には「首相も映画とか見るんだ」って好感度が上がったんですよ。

どういうネタなら親近感がわく？

原田　そもそも若者のＳＮＳ上って、「共感性の高いネタ」か「面白ネタ」がほとんどを占めているもんね。そもそも若者にとっては、ＳＮＳ上は真面目に熱く語る場じゃないし、そういう友達がいると、ひかれちゃったりするケースも多い。でも、ツイッターやフェイスブックにあげるのはどういう情報だったらいいの？　オフショットだったらなんでもいいわけじゃないよね？

I　流行《はや》りのものとかを載せると、若い人の間で流行ってることも知ってるんだなと、若者のことを見てくれているように感じて親近感がわきます。

E　家族やペットへの愛情だとウケるんじゃないですかね。「家族でどこへ行きました」とか。

原田　ペットや家族を大切にしてるアピール？

著者の問いに集中するメンバーたち

E　あからさま過ぎてもダメですよ。

A　アメリカだと、オバマがそういうのやるじゃないですか。安倍さんもやると面白いかもしれない。「カラオケで歌ってみました」とか載せていたら、「この人、めっちゃおもしれー」ってなると思うんですよ。若者は結構そういうの好きだと思う。

J　そうやってたまたま一回興味持ったら、政治家の他の面にも興味を持っていって、最終的には政治にも興味を持つようになるかもしれない。

E　結構、笑わせに来てくれたほうが、私は好感度が高いですね。

原田　人間性がわかるつぶやきはよいとして、面白ネタは逆に上の世代からの反感が大きくなってしまうかもしれないね。いや、最近の中高年は、本当に感性が若くなっているから、そんなこともないか。でも、面白ネタばかりつぶやいてる政治家もそれはそれで……。

D　首相が変顔を載せるとか？

K　じゃなくて、言葉で巧《たく》みに笑わせてくる感じがいい。ソフトバンクの孫《そん》さんの「髪《かみ》が後退しているのではない、私が前進しているのだ」というような感じですね。

原田　孫さんのツイッター、フォローしてる？

K　してないです。面白いことを言うからといって、フォローするとは限らない。

H　たまにリツイートで回ってくるくらいが、ちょうどいいかな。

原田　つまり、フォロワーを増やそうとするよりは、リツイートの数を意識したほうがいいということかな。ものすごいコピーライティングのスキルが政治家にも求められる時代になりましたね。

K　そうかもしれません。あ、そういえば、マイナンバー制度のアピールで甘利《あまり》さんが出てきて「ゲスの極み」の替え歌を歌った時は、「変なおじさんだな」って関心がわきましたね。

政治を知るためのメディアは？

原田　少子化で長らく若者たちにスポットライトが当たっていなかったけど、「18歳からの〜」というタイトルの本や番組ができたり、「18歳」という年齢がすごく注目されるようになったね。「18歳マーケット」なる市場が生まれているように感じるね。

F　僕はこの間、池上彰《いけがみあきら》さんの書籍《しょせき》を買ったんです。附属《ふぞく》高校にいたから大学受験もなくて、自分は常識的な知識もないというのは自覚してたので。『18歳からの教養〜』という近代史の本です。

C　きっと報道番組や新聞を見るようになる若者が増えますよ。私はめっちゃ新聞押し。デジタルの画面で真面目なものを読むのがすごい苦手で、論文を読まなきゃいけない時とかもいちいち印刷して、線とか引かないと理解できないんですよ。

F　自分の姉がふたつ上なのですが、成人になっても朝も親に起こされてイヤイヤ起きて、遅れそうな時は親に送ってもらって、ニュースなんか全然見ないし。こういう大人にはなりたくないなと、先日、思ったんです。だから、18歳選挙権のことを知って、グノシーとか日経新聞も見られるニュースアプリを何個もダウンロードしました。情報を得なきゃなと思うようになりました。

E　私は、気になったことをグーグルで調べるんじゃなくて、ツイッターで検索する癖《くせ》があるんです。こういう若者、結構多いと思います。まず、周りの人の意見を聞いてみたいということで。

原田　ＳＮＳ重視の「18歳選挙世代」は、ＳＮＳ経由で周りの友達や同世代の人たちがどういう意見を持っているかを知りたがる。だから、自らのつぶやきが多い政治家よりも、よい論評を数多くされる政治家が、ＳＮＳ上では影響力《えいきょうりょく》を持つようになるかもしれないね。ちなみに、君たち世代が大好きな「まとめサイト」、いわゆる「naver まとめ」や「mery」なんかのキュレーションサイトに政治情報が載っていたら大きな影響力を持つんだろうか？

Ｉ　そうなる可能性はあると思います。キュレーションサイトは、本当に今の若者に大きな影響を与えています。でも、旧メディア離れした若者の間でさえ、本当の意味での信《しん》頼《らい》感という意味では、まだまだ新聞などの旧メディアのほうが強いと思います。

原田　信頼されていても見られなきゃ意味がないけどね（笑）。でも、18歳選挙権を機に、ずっと「若者離れ問題」に悩《なや》んできたテレビ局や新聞社にとっては、少しよい流れに変わるきっかけになるかもしれないね。今のままでは難しいだろうけど。

Ｄ　でも、旧メディアも、例えばテレビの国会中継とかも、罵《のの》り合いとかヤジとか、どうでもいいことばかりをとり上げるのではなくて、政治で今何が動いてるのかということにもっと時間を使っていってほしい。

Ｉ　確かに今のニュースって、ベッキーとゲスみたいな不倫《ふりん》報道ばっかりやってる。そういうのをちょっと縮めて、政治の解説に当てる時間を増やすとか、今回の選挙がそういうきっかけになったらいいですけどね。

原田　でも、今は報道番組で視聴率《しちょうりつ》がとれず、全体的に数が減っていて、もう少し軽く見られる情報番組が全盛期になってきているんですよ。見やすい情報番組で、わかりやすい政治情報を、ということなんだろうか。

D　僕はこれまで全く政治に関心がないまま生きてきたので、報道番組だと言っていることすら理解できない。池上彰《いけがみあきら》さんの番組じゃない限り、詳しい解説をしてくれないですからね。でもそれを改善してくれれば、テレビは参考になると思う。今みたいに芸能ネタをずっとやってるくらいなら、もっと政治の解説の時間を増やしてほしいって思います。

原田　確かにあれだけ池上さんがわかりやすい解説をしてうけているのに、同じくらいわかりやすく解説する人や番組がまだ出てきていないのは不思議だね。これから18歳付近の若者も政治意識が高くなっていくと仮定すると、今よりもっとわかりやすい番組が求められる時代になるかもしれないね。

投票所に向かうモチベーションを高めるには？

K　私は、前回も選挙権があったんだけど、友達と遊ぶ約束があったから行きませんでした。

原田　若いうちって確かに何よりも友達のほうが大切な時期だもんね。そもそも選挙に行くかどうかはどう決まるの？

K　旅行だったら選挙には絶対行かないし、サークルの試合でもそっちをとっちゃう。サークルの試合で、自分が出ない試合の応援でも応援をとっちゃうかも。

原田　じゃあ、だいたい選挙のほうが大学生活の活動の多くに負けるってことだね。なんでだろう？

K　そっちの予定のほうが楽しいから。それだけ、選挙への関心が低いということだと思います。

原田　なるほど。では逆に、何があったら選挙がそれらを超《こ》えられるかな？　例えば、台湾では「選挙グルメ」といって、集会とか投票所にたくさんの食の屋台が並んだりする。まるでみんなでグルメツアーに行く感覚だそうなんだけど、それがよい方法であるかどうかの議論はさておき、同じようなことを日本でやったらどうだろう？

E　それだったら行くかも。

H　友達とランチ感覚で行くかも。

K　ご飯があるなら親とでも行きたい。

原田　日本では、ポケットティッシュや風船のようなちょっとしたお土産《みやげ》がもらえる程度で、ごちそうしてくれる投票所はないみたいだね。でも、わりと知られていないことなんだけど、投票を済ませるとどこの投票所でも「投票済証明書」というのがもらえる。これを見せると地元のお店でご飯や買い物が割引される「選挙割」を、すでに行っている地域があるんです。これから増えていくかもしれないね。

F　写真スポットを作るとかでもいいかも。投票所に、『進撃の巨人』の顔出しパネルとか置いて。

原田　僕はよく「写真動機」とか「動画動機」とか呼んでいるんだけど、今の若者たちが、写真や動画を撮《と》りたいという動機が本来の動機を超えてしまうケースが大変増えています。例えば、あるものを食べたいからそのレストランに行くのではなく、提供される食事写真が撮りたいから行く、などといったケースがそれにあたります。以前は一部のカメラ好きの人たちの間だけで起こっていたことが、今はみんながスマホを持つようになったので、特にSNS世代の若者を中心に、こうした行動が頻繁《ひんぱん》に見られるようになっているんですね。

D　僕は何か投票所の近くで使えるようなクーポンとかがもらえたらいいかな。

J　アメのつかみ取り程度でも行くかも。行ってよかったなっていう気分になります。

原田　ランチでないにせよ、投票所をお得で楽しい場にすることができれば、友達でも親子連れでも若者が行くようになる、っていうのは理論上あるのかもしれないね。

これまでの政党・政治家は、有権者に支持してもらうための政策を訴えていればよかったけれど、政治離れした若者たちをつかむには、若者に支持してもらうための政策立案と同時に、そもそも若者が選挙に行きたくなるための施策《しさく》も考えないといけないかもしれないね。

2016・7参院選は、誰と行く？

原田　7月の参院選ですが、「行く」という人はこの中で何人いますか？　半分ぐらいかな。

D　このミーティングがあったから行こうと思い始めたんですが。何もなかったら行かなかったかもしれない。

I　単純に高校時代から政治に少し関心を持っているので、僕は行きます。

A　香港で、選挙権を求めて学生がデモをしたっていうのがテレビでとり上げられてて……。

原田　「雨傘《あまがさ》革命（2014年香港反政府デモ）」のことですね。中国政府が自由な立候補を拒《こば》む選挙制度を実行したため、それに対する民主化要求運動が起きた。

A　選挙って、国民として与えられている「権利」なんだ。日本はこの権利が当たり前に得られる素晴らしい国なのに、ましてや若者に与えられるようになるのに、みんななぜ行かないんだろう？　って感じたんです。

原田　では、行く人は誰と行きますか？　友達が大事なSNS世代だから、友達と大人数で楽しげに行く姿がイメージしやすいんだけど。

C　私は家族と行くと思います。うちの家族はみんな選挙に行くので、単純にわかんないことがあった時に聞きやすいというのもあります。

J　僕は友達と行きたい。中高を私立の、小学校の友達と違う学校に行っているので、友達と再会する機会がなかなかないんです。選挙を理由にみんなで集まろう、っていうのはいいんじゃないかと思う。

A　選挙同窓会（笑）。

原田　多少不純ではあるかもしれないけど、「みんな、久しぶりに選挙で再会しよう」みたいな政府広報系のテレビCMがあったら、お、行こう行こうってなるかもしれないね。中学校のクラスメートとのグループラインでやりとりすれば、「あ、選挙を忘れてた」って人も掘《ほ》り起こせるし。

D　選挙会場が地元の小中学校ですからね、ちょうど。

F　僕は家族で行くつもりです。いつも遊んでる友達には「選挙行こうぜ」ってなんだか言えない気がする。

原田　今の若者たちの間では、志の高い人がいても「意識高い系」と言われて揶揄《やゆ》されてしまう風潮がある。ふだん「カラオケ行こうぜ」と言っている仲間に「投票行こうぜ」と言ったら「お前、意識高いな」となってしまうかもしれないね。選挙を取り巻くムード自体も変えていく必要があるということだね。

参考になるコメンテーターは？

原田　では、メディアでの有名人の政治的発言についてはどう思いますか？　最近で言うと、石田純一《いしだじゅんいち》さんが安保法反対集会で国会前に行ってスピーチしたりとか、日本でもアメリカのように、芸能人が政治的発言をするようになってきているよね。みんなはどんな有名人の発言の影響を受けるんだろう？

F　池上彰さんですかね。

E　わりと過激な意見を言ってると思うのが、フィフィさん。ネタもあるけど、ちゃんと真面目なことも言ってるし。

B　個人的には石坂浩二《いしざかこうじ》さん。クイズ番組とかでも説得力のある説明をされるので、なるほどなと思います。あとは弁護士の八代英輝《やしろひでき》さんとかかな。

A　デーモン小暮さんとか。やっぱり、博識で売ってる人じゃないと、あんまり聞きたくないというのはありますね。

原田　ダウンタウンの松ちゃんとか爆笑問題《ばくしょうもんだい》の太田さん、ビートたけしさんとかはどうなの？　松ちゃんは、「ワイドナショー」で発言すると、必ずネットニュースになってるよね。

D　松本人志《まつもとひとし》さん個人のキャラクターは好きで、人間的な意見を聞くのはすごく面白いけど、やっぱりお笑いの人だから、政治について参考にしようとは思わないかな。

原田　芸能人やセレブリティの中でも、特に博識・インテリイメージのある人の影響が大きそうだね。

投票したくなる有名人

原田　みんな、どんな人に当選してほしいんだろう？

E　元SPEEDの今井絵理子《いまいえりこ》さんは、物珍しいし、元SPEEDというだけで惹《ひ》かれる部分があるっていうか。

H　キムタクが出てたら絶対投票する。

原田　そういえば総理大臣のドラマやってたね。

D　マツコデラックスとか。

K　櫻井翔《さくらいしょう》君とか。

H　松岡修造《まつおかしゅうぞう》みたいな政治家がいても、面白い。

E　説得力がある。みんなのために尽《つ》くしてくれそう。

原田　意外と熱血な人を、今の人は求めているんだね。

若者のための政策を打ち出そう！

原田　仮にみんながある政党の党首だとして、若い人がわーっと熱狂《ねっきょう》するような政策を考えてほしい。「18歳選挙世代」の関心が、いったい何に一番向かっているのかを知りたい。

D　大学の学費をタダにします。学費や奨学金は、今自分が直面している問題なので。

原田　欧米の学生もまさにこの点でデモを起こしているけど、日本も大学生の5割が奨学金をもらう時代になっているので、確かにこの政策は響くだろうね。

J　ワイファイをいろんなところで使えるようにする。

原田　参院選挙の焦点《しょうてん》がワイファイか。新しいね。でも確かに、日本は相当遅れてるもんね。今の若者たちは四六時中携帯《けいたい》をいじる。結果、毎月、通信制限で苦しんでいる人が多い。政治マターかはわからないけど、ワイファイ無料エリアや店舗《てんぽ》が増えたらうれしい人は多いんだろうね。

L　地域差なしで、最低賃金を高くする。地方でバイトしてる子が時給700円台とか聞くとかわいそうだなと思うから、全国一律で上げたらいいのにと思います。

原田　最低賃金を上げる、というのも欧米で若者の支持を得ている政治家が主張している政策ですね。先進国は多くの国で、上の世代に比べて、若者たちの雇用や賃金が不安定になっており、世代間で不平等な状況《じょうきょう》が生まれてしまっており、日本も同じ状況だ、ということだね。

C　中学生まで医療費《いりょうひ》がかからないっていうのは、都道府県市町村によっても違うのでそれを統一したらいい。

E　やっぱり奨学金。「2ちゃんのまとめ（2ちゃんねるまとめサイト）」で知ったんですけど……。

原田　日経新聞じゃなくて、2ちゃんのまとめなのね（笑）。

E　そう、誰かがリツイートして回ってきたんです。それまで奨学金の仕組みがよくわからなかったんですけど、それを見たらわかってきました。1種と2種があって、利子がつくのとつかないのがある。その2ちゃんのまとめのタイトルが「奨学金借りてた人の現在の姿が悲惨《ひさん》すぎる」といって、働いても収入が返済額に見合っていかないという話なんです。

原田　「奨学金」といっても金利が高ければ、ただの教育ローンですからね。これについては、つい最近、安倍首相が無利子の奨学金を増やすことや卒業後の所得によって返済額を変えること、そして返済不要の給付型奨学金制度をつくることを表明したけれども結局撤回《てっかい》してしまった。まだ決定ではないけど、政府もやっと若者の窮状《きゅうじょう》対策に動き出したと思ったのだけれども、残念だったね。

D　僕は消費税。うちの家庭は所得が低く、生活が苦しいです。消費税だと高所得でも低所得でも均一に税金を払わされますけど、高所得者からは多く取るべきだと僕は思います。

I　僕は、ニュースを見ていて高齢者施設《こうれいしゃしせつ》での虐待《ぎゃくたい》が多いのが気になります。そういう施設で介護《かいご》の仕事をしている方の給料はすごく低いっていうじゃないですか。待遇《たいぐう》が悪ければサービスの質も下がると思うのに、なんで国はそういうところにお金を入れないのかな。これからどんどん社会は高齢化していくのに、と思います。

K　私は保育士の賃金。大学で夢として保育の仕事がしたいけど、賃金が低過ぎて迷ってるという友達と、保育士の資格をとったけど、もう辞《や》めて違う職業に就《つ》いている友達がいるんです。ふたりとも「もし賃金がもう少しよかったら」と言っていて、「保育園の先生のお給料を上げてくれる政党があったら投票する」って言ってました。

原田　これは最近、保育士の給与を改善する制度がやっとスタートしたね。厳しい時代だから、欧米の若者と同じく、雇用や経済政策に関心がある若者が多いんだね。

K　社会全体が残業しなくていいという風潮になったら、働く人に無理をさせ過ぎなくて生きやすくなるんじゃないかな。

原田　それはどうして必要だと思うの？　子育てしながら働きたいから？

K　そうですね。あと、体や心を壊《こわ》している人も、結構いるというニュースもよく見るので。

原田　今の若者たちはブラックバイトとかブラック企業《きぎょう》とかいう言葉が流行語になる中、生きてきたもんね。かつては「企業戦士」とか「24時間戦えますか」なんて言葉が流行語になった時代もあったけど、低成長経済・成熟社会を生きる今の若者たちは、欧米の若者同様、社会保障とワークライフバランスを求めるようになってきているんだね。

政治活動をやってみたい？

原田　参加してみたい政治活動ってあったりする？　そもそもみんなにとって、いったい何が政治活動と言えるんだろう？

E　政治活動というと、真っ先にデモが思い浮《う》かびますが、でも別にやりたくはないです。報道で目につくだけかもしれないけど、デモではすごい強い言葉を使ってみんな声を大にして叫《さけ》んでる、みたいなイメージがあって、そこに参加するのは怖《こわ》いと思う。

原田　怖いってどういうこと？

E　同調圧力がすごく強そう。その団体の中でちょっとでも違う意見を言えそうにないし、抜《ぬ》けられなくなりそう。

原田　普段から若者たちと接する中で、今の若者たちが、戦後の上の世代よりも、昔の日本人のようになってきている面があるように感じています。私は「ＳＮＳ村社会」とネーミングしましたが、ＳＮＳによってたくさんの友達とつながりすぎたことで、陰口《かげぐち》や噂《うわさ》話《ばなし》が多く、超《ちょう》調和主義・事なかれ主義の若者が増えてきています。だから、国会でのヤジやデモなんかは、今の若者たちにはやや過激に見えて、共感しにくくなっているように思います。ちなみに、シールズの活動は、日本では久しぶりに起こった若者の政治運動と言われていますが、みんなどう思いますか？

F　大学が同じなので、シールズの代表を校内で見かけることもあるし、殺害予告が来た時には警備員さんが校門の前にいたり、代表についたりしていたのも見かけました。シールズの活動が熱いのは伝わってくるんですが、彼らに対する学内の反応は冷ややかですね。「ぜんぜん興味がない」って言ってる人もかなり多い。

B　私の高校の友達も、シールズの高校生版みたいな活動に参加してます。

原田　そこはシールズと関係があるの？

B　関係があるかどうかはわかりませんが、同じように安保反対のデモ活動をしています。でも、それに対する周りの反応はあんまりよくないです。

原田　どんなふうに？

B　国会前でデモをするという行動や、記者会見しているテレビ映像をフェイスブックでシェアしたりするんですけど、みんなあんまり反応していないです。

原田　あれだけメディアでもとり上げられたら、影響を受けた若者もいるんじゃないの？

A　かなり一部ですが、意識高い系の友達が、シールズの行動力をポジティブに見ていましたね。

原田　君はなぜポジティブに見ないの？

A　僕は安保反対とか法案については、特に思うところはないんです。

I　確かに若者には縁遠《えんどお》い。

原田　欧米の若者が最低賃金の引き上げや大学の学費無料を訴えてデモしているのに対し、日本の若者も欧米の若者と似た経済状況に置かれるようになっているのに、なぜかシールズの主張は欧米のそれとは違うのは不思議だね。もちろん、安保も原発も重要なテーマではあるのだけども。もし主張ポイントがより若者向けだと感じられるものだったら、君らも国会前でデモしたりする可能性はある？

A　その主張が自分に合えば、行動しますね。ただ、シールズはデモすることが目的みたいになっているように見えます。これだけ人を集められるんだぞってことをアピールするみたいな。

J　それだったら若者に「こんなふうだからみんなちゃんと選挙行こう、頑張《がんば》ろう」って呼びかけてほしい。

世界で広がる若者たちの政治活動をどう見るか

原田　ここ5年で、かなり世界中の若者たちが政治運動を行うようになっています。ジャスミン革命もそうだし、雨傘革命やひまわり革命もそうだし。台湾総選挙でも、若者の動きがかなり注目されました。改革……までいかなくてもデモレベルで言うと、欧米を中心に、経済的訴求《そきゅう》を目的とされているものが、頻繁《ひんぱん》に行われています。こうした世界の若者の動きに何か影響を受けているかということを聞きたいんですけど？

L　今やっているアメリカ大統領選では、ヒラリーかサンダースか、あるいはトランプかっていう構図だけを知っている程度で、具体的な政策まではわかってないです。

原田　ミャンマーでは、スーチーさんの政党が政権をとりましたが？

D　ミャンマーって軍事政権で、スーチーさんはずっと軟禁《なんきん》状態だったじゃないですか。そういうのをニュースで見た記憶《きおく》があるので、ここまで実現させることができたんだ、すごいって印象はあります。世界史の授業で少し触《ふ》れられていて、アウンサンの時代から独立が始まって軍事政権が来て、非暴力運動がどうとかを知っていたので、その分台湾やアメリカよりは感情移入できます。

原田　授業でやったことがリアルな世界で今、動いてるということがわかると興味を持ちやすいのかな。そういう意味では、高校生に選挙権を与えること、そして、高校生に世界と日本の政治について教育することの両立が必要なのかもしれないね。ちなみにミャンマーは平均年齢が20代の若い国です。僕は何度もマーケティング調査でミャンマーの若者の家庭に行ったことがあるけど、どの家庭に行ってもスーチーさんかアウンサン将軍の写真が壁《かべ》に貼《は》ってあって、多くの若者たちが本当にスーチーさんに期待している気持ちがびんびん伝わってきて、若者のパワーを感じました。

L　中国は民主化運動がときどき起こるじゃないですか、そういうのを見るたびに実を結べばいいなって思います。言論の自由もないし。

C　おばあちゃんに中国人の友達がいるんですけど、中国政府がラインを完全にシャットアウトしたみたいでフェイスブックでしか連絡《れんらく》が取れないみたいです。

原田　いや、フェイスブックも中国政府は公式に使えなくさせてるよ。まあ、特殊《とくしゅ》な機材を使うとフェイスブックもツイッターもラインも見られるんだけど。中国社会には必ず抜《ぬ》け道が存在するので。

座談会の終わりに

I　アメリカとか他の国の若者が、日本の僕らより政治に関心が高いとしたら、宗教や人種の問題もかかわっているかなと思いました。違いは差別を生むから、日本に比べて政敵である相手を叩くじゃないですか。日本ってほとんど日本人しかいないし、目の前に差し迫った問題も少ない。ある程度社会に満足してるから政治に関心がないのかと。

原田　確かに日本は相対的に、他の国よりは深刻な問題が少ないかもしれない。でも、日本も徐々《じょじょ》に欧米のように、移民が増え、外国人やハーフが増えてきているし、最近ではヘイトスピーチなんかも問題になっている。国の借金もすごかったり、人口も減少しているし、奨学金を受けている若者も増えているし、非正規雇用の若者も増えている。もう、自分たちにとって差し迫《せま》った問題がないなんて言える状況じゃないんじゃないかな。

C 私はこれまで、自分が求めていないから政治や社会の情報を得られなかったんだなと反省する部分もあります。でも今日は興味がわいたんで、少しずつでも関心を持っていこうかなと思います。

F 僕はこれまでの人生でこんなに政治について考えたことがなかったので、今回、みなさんがどういう情報源で政治の情報を仕入れて自分の考えを持っているのかがわかってよかったと思った。そして、そもそも情報がないと考えを持ったり選んだりできないんだって焦《あせ》りました。

D 投票に行かない若者たちは、政治に無関心なのかと思ったらそうじゃなかった。関心はあるけど、軽い気持ちで投票に行っていいのかわからないから行かないという層がいることを初めて知って驚きました。

原田 さっきも出たけど、今の若者は遠慮《えんりょ》しがちなタイプの子が増えてきてるっていうのはあるよね。

本来若者っていうのは生意気な生き物だったのに。「わからなくても、行っていいんだよ」って、優しく後押ししてあげるくらいで、解決する面もあるかもしれないしね。

著者（後ろ中央）と座談会に参加した12人

第4章

18歳選挙を盛り上げ、若者の政治離れを防ぐには？

若者の持つ新しい社会性を「政治意識」へと高めていくには

衆議院議員総選挙の年代別投票率（序章15ページを参照）の推移から見ると、昔から20代の投票率は低く、40代、50代、60代は高い傾向《けいこう》にあります。

このことから、どの年代の日本人も、若いうちはあまり政治に関心を持たないが、歳《とし》をとるにつれて選挙に参加する意欲が上がる、ということは言えるでしょう。

とは言え、ここ10年近くの若者の投票率は、あまりにも下がり過ぎています。この事実だけ見ても、今の若者が昔の若者よりもさらに政治への関心を失っているということは明らかです。

これは、上の世代に比べると希望が持ちづらい低成長時代を生き、同時に、世界の若者たちと比べると相対的に恵《めぐ》まれていることが原因になっているであろうことは、すでに見てきた通りです。

このまま投票率がどんどん下がって、大人になっても政治に興味を持たない人が増えれば、日本はどうなるのか？　という不安を、18歳《さい》選挙権を契機《けいき》に感じ始めている日本人が多くなっているように思います。

これまでもお話ししてきたように、若者の投票率自体は下がってきていますが、私は今の若者は日本の社会や政治的なものに本質的に関心を持たなくなっているわけではないと考えています。

例えば、２０１４年のユーキャン新語・流行語大賞にノミネートされた言葉「マイルドヤンキー」の若者たちがその象徴《しょうちょう》です。

今、特に都市部で人間関係が薄《うす》れ、地域の共生性や連帯感が減ってきていると言われますが、家族や友人の住んでいる「地元」に対する愛着が、とても強くなっている若者たちがいます。彼《かれ》らは、小中学校時代からの幼なじみとのつながりが生活のベースになっており、新しい地元愛を高めているのです。

ＮＨＫの調査では、地域の行事やボランティア活動に参加したことのある若者（18歳）は、全体の約半数もいるという結果が出ていました。

時系列調査ではないので、この数字が以前と比べて多いのかどうかはわかりませんが、約半数の若者が、地域社会とかかわることを拒否《きょひ》していないという事実は、イメージとは違《ちが》うのではないでしょうか。

次に挙げる３つのそれぞれについて、自主的に参加したり活動したりしたことがありますか【ＮＨＫ】

Ａ．地域の行事

ある　47・８％
ない　47・６％
無回答　４・６％

Ｂ．ボランティア活動

ある　40・４％
ない　55・４％
無回答　４・１％

Ｃ．サークル・部活動

ある　82・０％
ない　16・２％
無回答　１・８％

今の若者は全体的に、大変優しい世代になってきていると私は感じています。東日本大《だい》震災《しんさい》や熊本の地震の時にはかなりの数の若者たちが被災地《ひさいち》のためにさまざまなことをしていましたし、日常的な例としても、ゴミ拾いをする大学のサークルなども増えています。なお、これは第2章の世界の若者たちへのインタビュー内容にもところどころ出てきましたが、世界の先進国の若者たちにも同様に優しくなっている傾向が見られます。格差が進み、多人種化している彼らの多くが、難民や移民に寛容《かんよう》で、格差を是正《ぜせい》するべきだと発言する傾向が、上の世代より多かったのがその一例です。

彼らは、貧しかった上の世代と比べ、生まれた時からベースとして豊かに育ってきている人の割合が多くなっています（現在は苦しくなってきていますが）。そこで心にも余裕《よゆう》があり、貧困や格差問題を是正しなくては、と考える優しい若者が増えているのです。また、彼らはSNSで多くの友人・知人とつながっています。貧困、人種問題等、さまざまな苦しい状況に置かれている人の生の声が入ってくるようになっていることも大きいかもしれません。

つまり、政治離《ばな》れしていると言われている今の日本の若者たちですが、彼らの間では「政治への無関心」は必ずしも「社会への無関心」とイコールではないのです。ここにまず、彼らの政治離れを少しでも改善していく可能性があるように思います。

身近で実利的な情報に若者は動く

では、今の若者たちが持つようになったこの優しさと新しい社会性を、「政治意識」の方向に伸ばしていくには、どんな工夫があるとよいのでしょうか。

そのヒントになるひとつのものとして、今の若者たちが、「あまり距離《きょり》が遠すぎるものには興味を示さなくなっている」ということがあるでしょう。

芸能界やタレントの世界を見ると一目瞭然《いちもくりょうぜん》です。80年代の松田聖子や中森明菜は「ザ・アイドル」で、視聴者《しちょうしゃ》との距離は遠かった。遠いからこそ視聴者のアイドルへの憧《あこが》れが強くなり、多くの女子が聖子ちゃんカットや中森明菜ヘアにした時代でした。身近に感じるより、高嶺《たかね》の花に夢を感じる時代でした。

今は、ＡＫＢ48の握手会《あくしゅかい》などを見てもわかるように、アイドルと視聴者の距離がだんだん近くなってきています。ツイッターやインスタグラムで、アイドルの日常や素の姿（本当に素かどうかはさておき）を知り、まるで同級生や友達に接するような間柄《あいだがら》を感じさせる人が人気が出るようになってきています。上から目線で一流感のあるものよりも、ささやかで身近なものに意欲をそそられるように変化してきているのです。

なぜかと言えば、経済が発展している時代は、若者たちは上昇志向を抱《いだ》きやすく、遠くの憧れに向かって進むことが原動力になります。経済が低成長時代に入ると、頑張《がんば》った分の見返りが少ない分、若者たちは上昇志向を抱きにくく、現状維持《いじ》志向となり、結果、自分と距離の遠いものに近づこうとするのではなく、身近なものに興味を持つようになるためです。

このことを政治にあてはめて考えてみると、ビッグイシューよりは、ローカルなスモールイシューに若者が関心を持つようになっているのだと思います。

一例で言えば、憲法改正などの大きなテーマよりも、地元の選挙区で「ここの商店街をなんとかしようよ」などと、身近な何かを変えていこうというイシューのほうが、興味を持ちやすくなってきている、ということです。主張の仕方も、荒々しさを感じるデモではなく、例えばゴミ拾いをするほうが、平和民族化してきている今の多くの若者の共感を得られるように思います。

また、これはよくないことかもしれませんが、あまりに大きなテーマを議論すると、周りの友達から「イタい」とか「意識高い系」という言葉で揶揄《やゆ》されてしまう傾向が強くなってしまっているので、身近なテーマのほうが、仲間同士でも話題にしやすく、SNS上でもリツイートしやすい、という側面もあります。

この「身近なものを重視する」ということとともに、今の若者の特徴《とくちょう》として、「実利を好む」ようになってきているということがあります。

第1章でも触《ふ》れましたが、今の若者は、海外旅行離れや留学離れもかなり進んでいます。私は観光庁のある審議会《しんぎかい》のメンバーで、若者の海外旅行離れをどう食い止めるかということを議論しています。若者が海外離れをする中で、今、学生たちの人気を集めている海外旅行が、「語学ツアー」とか「短期語学留学」です。

これまでは、観光やダイビングを楽しむリゾート地であったフィリピンのセブ島は、今、語学学校がたくさんできて、平均1カ月くらいの滞在《たいざい》で、就活のために語学を学ぶ日本の学生が非常に多くなっています（韓国からの学生も多い）。

このように、本来の旅行の意義とは離れ、「就活のため」とか「語学を学ぶため」という、自分が得られる現実的なメリットをはっきりさせてもらうことで、今の若者は動くようになっている傾向があります。簡単に言えば、将来不安が大きいので、「就活に役立つ」ということが感じられないと、動かないようになっているのです。

かつては、「知らないものを見たい」「疑問に思うことを解明したい」という未知の世界への探求心や好奇心が、旅行などの、若者の行動の原動力になっていました。

今はSNSやグーグルのストリートビューのおかげで、そもそも未知の世界自体がなくなってきていますし（少なくとも未知とは感じにくくなっている）、単に未知の世界を追うだけ、という目的では動きにくくなっています。

将来不安の大きい低成長時代に育った今の若者たちは、何に役立つかわからないものより、小さくても何に役立つかはっきりしているもののほうが、ひきつけられるようになっているのです。

国会のヤジなど、古くてうさんくさい政治体質を見直す

前述してきたように、今の世代の若者たちは、優しく、平和民族化しているので、がつがつしていて、相手を過度に攻撃《こうげき》するような会話の仕方は苦手です。

今回の若者たちとの対談中にも、「国会のヤジやテレビの政治討論番組は、言葉が暴力的で、見ていて嫌《いや》な気分になる」という声がたくさんあがってきました。彼らから見ると、人が話しているのをさえぎって自分の意見をかぶせて話す、という対話の仕方自体が、空気の読めないイタイやつなわけです。

ましてや、国会中継で聞かれる大声のヤジや乱闘《らんとう》は、「大人なのに、どうして」と、政治不信を煽《あお》るだけ。「ヤジは国会の花」という発想自体が、多くの若者たちにとってはもう古いのです。

私がレギュラー出演している朝の情報番組「ZIP!」(日本テレビ系列)は、若者に人気で視聴率が高いのですが、理由のひとつとして、「ネガティブな情報を流さない」というスタンスを持っていることがあります。それが今の平和民族化している若者たちにフィットしているのかもしれません。

また、デモや集会で行われる熱い政治的なパフォーマンスも、苦手と感じる若者が増えています。以前、私がある組織の組合の講演に呼ばれた時に、その夜の余興で、組合の年長者たちが首相のお面を被《かぶ》り、政権を批判する歌と踊りを演じました。それに対し、その組合の若者が、「あれを見てどう思いますか? ひきませんか?」と眉《まゆ》をひそめて話しかけてきたことをよく覚えています。彼曰《いわ》く、その組合の主張自体は素晴らしいと思うものの、表現の仕方に大変違和感《いわかん》を覚えるし、それを理由に組合に加入する若者が減っているとのことでした。

昔は異様な熱気でみんなでお面をつけて踊り、団結力を感じることができたのでしょうが、時代は変わりました。今の若者にとって、過剰《かじょう》な熱気と批判は、うさんくささを感じさせてしまうのです。もっと自然に、それぞれの考え方でかかわっていくことができる雰囲気《ふんいき》を持った政治活動であれば、参加する若者も増えるかもしれません。

もちろん、主張の中身が一番大切であるのは間違《まちが》いありませんが、表現の仕方でそれが伝わらないことも世の中では多くあります。優しくなっており、ＳＮＳ世代である今の若者たちへの伝え方は、上の世代は大いに考え直す必要があるのだと思います。

SNSとは、どういうメディアか

アメリカやイギリスのミレニアルズと同じように、「18歳選挙世代」の日本の若者も小さいころからデジタルツールに触れて育ってきた、いわゆるデジタルネイティブではあります。しかし、日本ならではの特殊《とくしゅ》事情も存在しています。

・スマホを使いこなし、フリック入力はできるが、パソコンにはブラインドタッチすらできないほど疎《うと》い若者も多い。世界の先進国のデジタルネイティブがパソコンとスマホの両方を使いこなすのに対し、日本の若者は過度にスマホ依存《いぞん》が進んでいる
・閉じたＳＮＳであるラインを使う人が多く、知らないたくさんの人の情報を得るのではなく、知っている身内の情報を密に得る傾向が強い
・開かれたＳＮＳであるツイッターでも、鍵《かぎ》をかけて閉じた使い方をすることが多く、政治などの「意識高い系のネタ」をつぶやく若者は少ない

海外では、2011年に起きた「ウォール街占拠《せんきょ》」に1000人もの若者が集まったのも、「ミレニアルズ」がオバマを2度も大統領に押し上げたのも、SNSを通じて若者たちに情報が拡散されたことが大きな理由だったと言われています。

しかし、日本の若者のほとんどが最も使っているラインは、知っている人同士がつながって、さらに密接な関係を築くためのツールで、全く新しい人から情報を得る場ではありません。ですから、ラインを使った各政党のPRは、自分や政党をキャラ化した「政治家スタンプ」や「政党スタンプ」を作ることぐらいかもしれません。大変コストはかかりますし、政策等を伝えることは難しいかもしれませんが、スタンプがかわいかったり、若者たちにとって使い勝手がよければ、その政治家や政党の認知度が上がり、イメージをよくすることにつながるでしょう。

あるいは、公式アカウントを作り、定期的に情報発信することも考えられます。これは、政治好きの一部の若者たちには効果的でしょう。しかし、前述した通り現状では、多くの若者たちにとってラインは既存《きそん》の友達との関係を維持する場になっているので、何かをもらえるなど別のメリットがないと、政治関連のアカウントをダウンロードしない若者が多いかもしれません。

開かれたSNSであるツイッターやフェイスブックも、第3章の若者たちとの議論にもあったように、一部の政治好きな若者たちとのタッチポイントにはなり得ます。ただし、多くの若者に公式アカウントをフォロー、あるいは、つながってもらうことはなかなか難しいのが現状です。しかし、「人間性」や「ネタ」のアピールや、「ローカル情報」を発信することで、少しでもその数を伸ばすことは可能かもしれません。

また、アカウント自体はフォローされなくても、ＳＮＳ上で多くの人にリツイート、拡散されるようなつぶやきをしていくことが大変効果的でしょう。

同じく開かれたＳＮＳであるインスタグラムは、「おしゃれ写真」を投稿《とうこう》する場なので、一見情報発信とは無関係なものに思えるかもしれません。しかし、「一眼レフ女子」や「カメラ女子」などという流行語もあるように、彼らはスマホやカメラを持って四六時中写真や動画を撮《と》っています。今の若者たちにとって写真のセンスは、その人の人間性が透《す》けて見える、その人を評価する上での一指標になっている側面があります。インスタグラムの投稿を参考に投票先を変えるほどかはまだわかりませんが、少なくとも政治家の人間性やセンスを、若者に示す上では、ある程度効果的な存在になってきています。

我々が知っておくべきなのは、日本の多くの若者にとってＳＮＳとは、啓発《けいはつ》されたり学んだりする場ではなく、主に友達と一緒に、「いいね！」と共感し合うメディアであるということです。多くの若者が「スタバなう」とつぶやいている中で、いきなり「みなさん投票に行きましょう！」などとつぶやいても、共感は得られませんし、逆にひかれてしまうことにつながります。政党や政治家は、大変繊細《せんさい》にSNSとは付き合っていかないといけないのです。

若者の考える「18歳が選挙に行く」ためのアイディア

最後に、若者研のミーティングで「18歳が選挙に行く」ためのアイディアを皆《みな》で考えてみたので、その中からいくつかをご紹介しましょう。

若者向けの情報発信や啓発活動に関するアイディアから、投票所でのイベント、投票場所の工夫など、若者からはさまざまな角度からのべ30以上のアイディアが出てきました。中には非現実的なものもありますが、すぐに実現できる可能性のありそうなものも含《ふく》まれています。

特に、今年（2016年）4月に成立した改正公職選挙法により、駅やショッピングモール、大学構内などに、その自治体に住む有権者が誰でも投票できる「共通投票所」を作ることができるようになりました（ただし、この夏の総選挙では共通投票所を設置した自治体はないようです）。これにより、若者たちのアイディアの中にも実現可能性が出てきています。

もちろん、普通の高校生と大学生のアイディアですので、稚拙《ちせつ》な面もまあります。アイディアそれ自体を見るのではなく、あくまですべてが若者の生の声や発想から生まれたもので、若者のニーズを知るための素材とお考えいただき、今後の18歳選挙における若者の有権者の啓発や選挙広報のヒントにしていただくとよいと思います。

政治や選挙についての啓発・情報提供を若者に行うために

第1章でも述べたように、若者が選挙に行かない理由には「よくわからないから」があります。すでに昨年度から各地の高校では、副教材を使って選挙や政治に関する授業をしたり、模擬《もぎ》投票が行われていますが、もっと積極的に啓発活動をしてほしいし、選挙や政治の情報をわかりやすく提供してほしいという声が出ています。

中には「18歳に何もしない状態で選挙権を与えても、崖《がけ》から子どもを落とすようなもの。本番の直前に、強制的に〝考えさせる機会〟を社会の側が用意する必要がある」という厳しい意見が出ていたことを、ぜひお伝えしたいと思います。

また、若者への情報提供のツールとしては、若者世代になじみのあるニコ生やユーチューブなど、ネット動画がさらに有効に使われるべきでしょう。

「高いプレゼンテーション能力を持つユーチューバー（ユーチューブで情報発信し、広告収入で稼いでいる人）から政治家が出てきたら、あるいは、政治情報がプレゼンされたら、若者の政治的関心は高まるのではないか」といった声も若者から出ていました。

〈啓発・情報系アイディア事例〉

◎学内模擬投票会を必修化する

すでに、高校では授業で模擬投票会を行っているところもあるが、さらに投票行動につながるプロセスを重視し、大学でも模擬選挙を必修授業にする。政治に関する基礎知識を得るところから、候補者の比較《ひかく》・分析《ぶんせき》、マニフェストの検討などを体験できるようにする。

これは、「事前学習」が大切で、これにより若者の意識が大きく変わる、ということを意味している。何も説明されず、政治や投票の仕方の知識がないまま、いきなり選挙会場に行くのは、若者にとって大変不安なので、選挙に行くハードルを下げることが大切。

◎投票の仕方を事前に同封

選挙に行かない若者の中には「めんどくさいと思う以前にとにかくわからない」という人が多いので、投票の仕方をわかりやすくイラストにして投票用紙を郵送する際に同封するようにする。または、家電を購入《こうにゅう》する時にあるような、取り扱い説明書のようなものが投票所にあるとよい。

◎選挙丸わかりアプリの配布

スマホにインストールすると、候補者のプロフィールや各政党の特徴、どんな公約を掲《かか》げているかをすぐに知ることができる比較アプリを作って無料で配布する。インストールにはマイナンバーを使用して、インストールするだけでもラインスタンプやコンビニの割引券などの特典を得ることができる。選挙当日に、スマホを使って投票まで行えると完璧《かんぺき》。スマホを必携《ひっけい》している若者にとっては、スマホ1台ですべて終えるのは理想的と言える。

◎ネット動画を活用し、候補者のプレゼンテーション大会

イメージするのは「テッド（TED）」などの国際的講演会。テッドは非営利団体の主《しゅ》催《さい》で科学、芸術、エンターテインメント、ビジネスなど各界の人が講演会を行い、インターネットで無料動画配信しているもの。映像やパワーポイントを使って若者をひきつけるプレゼンを行い、動画配信も行っていく。また、ユーチューバーのような、エンタメ性にとんだプレゼンも考えられる。何より、候補者個人や政策を、若者にもわかりやすく説明してほしい。

◎有権者の投票の義務化
第2章でオーストラリアの選挙制度の事例に触れたが、日本でも有権者の投票を義務化し、正当な理由がなく棄権《きけん》した場合は、罰金《ばっきん》等の刑罰《けいばつ》を科す。投票しなければならないことで、政治への関心は自然と高まる。

投票所で選挙以外のイベントを行う

「投票するとお菓子《かし》がもらえたり、おもしろい写真が撮れたりする」などというと、子ども騙《だま》しなやり方と感じるかもしれませんが、世界に例のない話ではありません。

第3章でとり上げたように、台湾では「選挙グルメ」というならわしがあって、投票に行った人には、各候補者の陣営《じんえい》でさまざまな料理がふるまわれます。みんな、ご飯を食べるという目的でも投票に行くのです。「今回の選挙では、誰の陣営のご飯がおいしい」と話題にもなるそうです。

これも、第3章でちょっととり上げましたが、日本のどの投票所でも投票を終えると、「投票済証明書」をもらうことができます。ちょうど駅や観光地にあるスタンプのようなものですが、この証明書を持っていると特定の店で割引してもらえるなど、特典が受けられる地域もあるのです。

また、昨年の統一地方選で、鎌倉市がイトーヨーカドー大船店に設置した投票所の投票率は、市内の他の投票所よりダントツに高かったのだそうです。駅前のスーパーという利便性だけでなく、店が投票者向けの割引セールを行ったことが、投票率が上がった要因とされています。

これから、2016年4月6日に成立した改正公職選挙法により、ショッピングモールなどで投票できる仕組みは少しずつ広がっていくでしょう。投票するとお菓子やクーポンがもらえるなどは、すぐに現実化する可能性は高いかもしれません。地元好きなマイルドヤンキーの若者にとっては、普段《ふだん》よく友達と行っているショッピングモールで投票ができるのは、かなり好評かもしれません。

アメリカでは、大統領選は一年間をかけてのお祭りととらえられている面もありますが、日本でも、もっと各地で選挙を盛り上げる工夫をしてもいいでしょう。

〈イベント系のアイディア事例〉

◎「選挙グルメ」「おまけ」系のイベント

投票するとお菓子やアイスがもらえたり、投票所となっている小学校の給食が食べられる。地元商店で使えるクーポンがもらえる。スマホでアプリをダウンロードするともらえる、ちょっとした特典のような感じで、選挙に行くことによってお得な感じがする。

◎「写真動機」を刺激する

今の若者たちの「写真動機」や「動画動機」を刺激し、それを「投票動機」のひとつにしてもらうために、投票所にSNS用のフォトブースを作り、友達と選挙に行った様子をSNSにアップできるようにする。選挙会場にしかない「顔ハメ」パネルなどを作り、選挙をちょっとしたイベントとして感じられるようなものにしていく。

◎親子で楽しむ選挙

今の若者たちは親と一緒に出かけることに恥《は》ずかしさがなく、本当に仲良しになっているので、親子で投票に来た人たちに特典があるとよいのではないか。例えば、指定されたお店で親子割引が受けられる、など。

選挙に何度も行っている親と一緒であれば、若者も不安に思うことがなく、親の投票行動が、そのまま若者にも習慣化されるかもしれない。

◎地元の友達との同窓会を兼ねる

若い世代は、昔の友達を大事にする傾向にあるので、地元の友達と同窓会を兼《か》ねたイベントを開催《かいさい》。地元の小学校で投票してからみんなで集まるという流れを作る。申し込《こ》んだ人たちには、学校の教室が使用できたりするサービスなどがあったら話題になるだろう。

◎選挙で出会いを

第1章で述べたように、今の20代の未婚者の男性76％、女性60％に彼女・彼氏がいないという結果が出ている。平均結婚年齢は、夫が30・5歳、妻が28・8歳（２０１０年）で、１９８０年（夫27・8歳、妻25・2歳）に比べて3年ほど晩婚化している。そこで、今、各地で行われている「婚活イベント」や「街コンイベント」と選挙を合同で行う。日本の未来を問う投票の場で行われる街コンは、ちゃらちゃらした軽いものとは違い、真剣《しんけん》な出会いができそうな雰囲気があり、真面目に相手を見つけたいと思っている若者たちにはうってつけかもしれない。

◎選挙フェスとテーマソング

同窓会や出会い系イベントと似ているが、今の若者たちは、ウルトラや飲食イベントのオクトーバーフェスト、タイフェス、肉フェス、エレクトリックランやカラーランなどの

「ファンラン（仮装などをして楽しみながら走ること）」が大好き。よって、こうした若者向けのイベントを選挙とセットで行う。若者が集客される場所に投票所があれば、選挙が遊びに負けることはなくなる。選挙そのものに対する固いイメージを払拭《ふっしょく》するために、高校サッカーや甲子園《こうしえん》のように、同世代の若いアイドルが選挙テーマソングを歌うのも、若者たちに選挙を身近に感じさせるのに役立つ。これにより、選挙がイベント化し、選挙に向かう意識が少しずつ芽生える可能性がある。

投票所の場所や方法を若者に合ったものに変える

選挙はたいてい日曜日に実施されますが、学生は日曜日も部活やサークルなどに忙《いそが》しくしています。「投票したい」という気持ちが少しはあっても、どちらを選ぶかといえば、やはり部活やサークルなどのほうが優先されるのです。退職し、子供も育った、時間的余裕のある高齢者《こうれいしゃ》のほうが投票率が高いのは、政治的関心の差も関係していますが、純粋にこの時間的余裕の差も影響《えいきょう》しています。

これまでも、若者が投票しやすいよう、駅やスーパー、大学のカフェテリアなどに期日前投票所は設けられていましたが、投票当日は、地域の小学校など指定された1カ所でしか投票できませんでした。先ほども言ったように、改正公職選挙法によりこれからは大学や高校での投票の可能性も出てきたので、これは実現すべきです。

〈若者に身近な場所で投票を促す〉

◎校内投票を行う

投票率を上げるために、高校生の有権者を対象に、自分が通う学校で放課後そのまま投票できるようにする。または、全校集会のような時間内で投票できるようにする。

授業時間内にクラスでまとまって投票所（期日前投票所）に行く。全国の高校対抗《たいこう》で投票率を競わせるというのもありか。

◎インターネット投票を行う

若者が最もよく使うアプリであるラインやツイッターのハッシュタグを使って投票を行う。マイナンバーを入力することで、個人認証を行い、インターネットで投票できるようにする。

インターネット投票導入への道

インターネット投票は、かつて２０００年３月、アメリカのアリゾナ州民主党予備選挙において行われています。CNNによれば、96年の選挙に比べて投票数は6倍以上となったということです。

その後、どの国でも実施されていないのはなぜでしょうか。ジャーナリストの津田大介《つだだいすけ》さんは自身のメルマガで「システム障害が発生した場合の影響は計り知れない」「悪意のある侵入者《しんにゅうしゃ》によって記録を改ざんされる可能性がある」「仮にインターネット投票が始まったとしても、従来の紙の投票を突然止《や》めるわけにもいかないので二重にコストがかかる」などをあげています。

しかしながら、私はインターネット投票ができるように変えていくべきだと思います。前述したように、日本の若者は、世界の先進国の若者たちに比べ、よりスマホ依存が強いので、日本の若者の政治参加を促《うなが》すには最も効果的なアイテムで、日本でスマホ投票ができないことこそシルバーデモクラシーの象徴と言えるからです。

◎「18歳選挙世代」当選枠と世代別当選

若者の人口が少ないので、どうせ自分たちが投票しても世の中は変わらない、と思い込んでいる若者たちのために、世代全体の投票数とは別に、「18歳選挙世代」から投票数の多い政治家を特別枠《わく》で当選させる、というもの。高校野球で言うところの「21世紀枠」のようなもの。

あるいは、得票数ではなく、世代別の得票率で当選者を決める、というアイディアも出た。つまり、60歳で最も得票率の高かった人と、18歳で最も得票率が高かった人では、そもそもの世代人口が違い、投票率も違うので、得票数に大きな差ができてしまう。ところが、世代別得票率という考えにすれば、どちらの候補者も当選する、ということになる。必ず、自分たち世代が最も多く選んだ政治家が当選するようになれば、自分たちの手で政治が動かせる、という実感につながるのではないか。

◎大人優遇刺激

周囲よりも一歩進んだ「大人感」が得たい「18歳選挙世代」に「選挙に行くのは大人になること」という考えを浸透《しんとう》させるために、18歳からできる大人な行為と選挙を組み合わせて、選挙に行くとそれらで優遇《ゆうぐう》が受けられるようにする。
「選挙×運転免許《めんきょ》」↓選挙に行くと免許取得の際に優遇される
「選挙×クレジットカード」↓選挙に行った人だけが作れる、お得で特別なカード
選挙に行くことによって、自分が大人であり、社会に参加しているんだ、という自覚も芽生えるかもしれない。

終章

18歳選挙で日本はどう変わるのか

18歳選挙は、大人以上に若者が「悪くない」と思っている

生まれてからこのかた時代の主役になることなく、「どうせ、自分たちなんか」と潜在《せんざい》的《てき》に思って生きてきたとも言える「18歳《さい》選挙世代」。ここにきて突如《とつじょ》として、自分たちにスポットライトが当たり、発言する場が与えられ、戸惑《とまど》いながらも、現状を好意的に捉《とら》えているように思います。

「18歳選挙世代」を新たな社会のメンバーとして迎《むか》え入れるにあたり、このような彼《かれ》らのリアルな実感を理解できるどうかが、大変重要なポイントになると私は考えています。

「18歳選挙世代の選挙人口はたったの240万人に過ぎない」、あるいは「そもそも若者は政治に興味がないだろうし、社会を動かす勢力にはならないだろう」という考え方もあるかもしれません。

しかし、我々が「社会はちゃんとあなたたち若者と向き合っていますよ」という姿勢をもっと前面に打ち出していくことが、そうした悲観的な予想を打ち破る大きなきっかけになり、選挙という次元を超《こ》え、この国の大きな転換点《てんかんてん》になりうると私は考えています。

終章では、これまでの内容をたどりながら、18歳選挙が日本にとってどのような存在になるのか、日本はどう変わっていくのか、ということを少しだけ考えてみたいと思います。

若者のマイノリティ意識と社会参加意識

マーケティングの世界では、今の若者たちの消費行動を促《うなが》すためにとる、いくつかのパターンがあります。そのうちのひとつが、若者の「マイノリティ意識」を刺激《しげき》する、という方法です。

今の若者のマイノリティ意識を理解するために、少し横道にそれてみます。

今、若者に人気のアルバイトのひとつに、居酒屋チェーンの「塚田農場《つかだ》」があります。若者たちに聞くと、学生のアルバイトでも、自分で考えたアイディアで接客することができるそうで、料理の盛り付けや、お客様へのサービスを自分の裁量でできるのだそうです。それ以外にも就活をサポートするための講座を行っているとのことです。

自分たちのようなアルバイトは、都合よく使われるだけだろうと思っていたのに、自分で考えて働いていいよと言われたわけです。自分たちが職場で裁量権を持つことなど、ずっと先のことだと思っていたのに、やってみろと言ってくれた。メディアで塚田農場がとり上げられる時は、宮崎の農家を救うために直接買い付けをしているとか、そのことによって地方の経済を救っているという文脈です。ですが、若者にとってはそれ以上のポイントがあるようです。宮崎県の農家は、東京に住む若者にとっては遠い場所の出来事です。

彼らが最も惹《ひ》かれているポイントは、「自分たち若者世代のことを考えてくれている」姿勢を感じることができる点にあります。

また、学生の就職先として、ＩＴ企業のサイバーエージェントが人気ですが、この会社は「新入社員を子会社の社長にします」というメッセージを発信しています。業種がＩＴ系だからできるという面もあるかもしれませんが、そんな企業スタンスが、「自分たちは若くて経験知がなくてダメだと思っていたけど、この会社はいきなり主役にさせてくれるんだ」と人気を集めている面もあるようです。

もうひとつ。若者たちとの座談会でも出てきましたが、松岡修造さんに総理大臣になってほしいという学生がいました。大人から見ると、熱血漢で、場合によってはむしろ若者に敬遠されそうなキャラクターに見えます。しかし、若者の彼に対する反応はポジティブです。

どうしてかと聞くと、学生がジェスチャーをまじえて教えてくれたのは、「ふつうの大人って、こうやって押さえるような感じじゃないですか」と頭を押さえつけるポーズをとり、今度は両手を前に出して、相手の両肩を両手でつかむようなしぐさをして、「松岡さんってこういうふうに寄ってきてくれるような感じなんですよ」と言ったのです。そのしぐさがとても印象的でした。彼らにとっての松岡修造は、「コミュニケーションの仕方は違《ちが》うかもしれないけど、少なくとも自分たちのことを本気で考えてくれている」と受け止められているようです。

これらの事例に共通している一番のポイントは、「マイノリティ意識」を持つ今の「18歳選挙世代」が、「ちゃんと自分たちのこと見てくれている」と感じ、そこに強く反応しているということです。

逆に言うと、それくらい、今の若者は、「自分なんて」という「脇役《わきやく》意識」が他のどの世代が若者だったころよりも強く、少数派として、ある意味で潜在的に「傷ついている」のです。

なぜ人口が少ないと傷つくのか

なぜ彼らは傷ついているのでしょう。自覚していない若者もいるでしょうが、それでも多くの若者が、どこかで「自分なんて」と思っていることには、かなり明確な社会的背景があります。

それはこれまでの章で述べてきたような、世代人口の少なさからくる、マイノリティ意識なのです。

私はちょうど「団塊《だんかい》ジュニア」と呼ばれる世代群です。かなり大きな人口ボリュームで、そのため、消費社会で光を当てられることの多い世代だと言ってよいでしょう。

コンビニは「団塊ジュニア世代」とほぼ一緒《いっしょ》に誕生し、発展してきました。サンリオも無印良品も、そのころに誕生しました。少年ジャンプの売り上げのピークは、「団塊ジュニア」の歩みと相関関係があります。

人口が多かったため、子どものころから、企業からマーケティング対象と見られており、自分が社会や企業から注目を集めているという、ある意味での「主役感」を持って育ってきました。

ところが、今の若者が子どものころに親しんできた遊びは、「団塊ジュニア世代」などの前世代の「おさがり」が多いのです。仮面ライダーも、戦隊ヒーローも、もちろん新しくはなっていますが、視聴者《しちょうしゃ》への向き合い方が違います。もともとは子どもがターゲットだった番組ですが、今の仮面ライダーはみんなイケメンになって、たくましいはずのライダーが女性的な美しさを持つようになっています。これは、若者や子どもより人口の多い、その上の「ママ世代」を狙《ねら》っているからです。子どもの人口が減っているので、完全に子ども向けにしてしまうと、視聴率がとれない。ママと一緒に見てもらって、世帯視聴率を上げる。テレビだけではなく、さまざまな消費が、子どもとママのセットじゃないと成り立たなくなっています。

人口減少時代に入った世代である今の若者たちは、消費者として「マイノリティ」なのです。そのことは、社会のさまざまな場所で、潜在的に彼らの感性に影響《えいきょう》を与えているはずです。テレビをつけても、本屋に行っても、どこに行っても、しっかり自分のほうに向いてくれていない違和感《いわかん》を常に抱《いだ》いている。そういう環境《かんきょう》で育ったのです。

かつては、テレビをつけるとゴールデンタイムにたくさんのアニメ番組をやっていました。

「団塊ジュニア」の私が小学生だったころは、テレビをつけると、平日の夜7時台のゴールデンタイムはすべて子ども向けのアニメが放映されていました。20%を超える視聴率をとれるアニメもたくさんありました（今では、信じられません！）。

それは、メディアのマーケティングにおいても、子どもの人口が多かったので、子どもだけ狙っていれば稼《かせ》げる時代だったわけです。でも、今はどうでしょうか？　子どもが見たい番組は、ほとんど休日の早朝です。平日のゴールデンタイムにはほとんどやっていません。

超消費社会では、人口の多い世代は消費者としてマジョリティとなり、少ない世代はマイノリティになります。そうなると、それぞれの世代から見える社会の景色は、想像以上に違ってくるのです。

超《ちょう》消費社会だからこそ、ターゲットしてどれくらいの人口ボリュームがあるかにより、社会がどちらを向くかが決まってきます。今の若者が、ぼんやりとでも、「自分たちなんて」とか、マイノリティ意識を持ってしまうのには、こうした背景があるのです。

デジタルネイティブ世代という特徴

大人がなかなか理解できていない、もうひとつの若者の感覚は、彼らがデジタルネイティブ世代だということです。ＳＮＳが彼らの「感覚」にどういう影響を与えているのか、を考えてみたいと思います。

彼らは思春期、あるいはそれ以前から、離《はな》れていても好きな女の子とＳＮＳ上でつながっていますし、その子の「日記」も読めます。友だちのつぶやきを見て、「ああ、こんな高い焼肉屋に行ってるんだ」などとわかるわけです。離れていてもわかるということは、逆に常に自分もさらされている、いつも周りに人目があるということでもあります。

シールズのような自己主張を堂々とする若者たちも出てきましたが、彼らはやはり圧倒《あっとう》的《てき》な少数派です。多くの若者たちは、ＳＮＳが普及《ふきゅう》したことによって、「空気を読む」ようになりました。

写真でも、「バカッター」という言葉があるように、派手に悪さをしたり――例えばコンビニのアイスケースの中に入るなど――、そういう写真を載《の》せている若者もいて、たびたび問題になっていますが、これもやはり圧倒的少数派です。基本的には「表現しない」、あるいは「表現が婉曲《えんきょく》になっている」のが、他人の目にさらされて生活している今の一般的な若者の特徴《とくちょう》なのです。

今日お店で飲んだお茶が「おいしかった！」と、ティーカップを写し、SNSにあげる若者がいます。写真はちょっと「引き」の構図で撮《と》ってあり、自分のティーカップの奥《おく》に、もうひとつのカップが少しだけ写っています。言外に、「ひとりじゃないよ、女の子とお茶してたんだよ」と、遠回しに自慢《じまん》するのです。SNSでつながった多くの友達に批判的に見られないよう、でも、気づく人には気づいてほしいと、こうした大変読解力が必要とされる写真を撮る若者たちが、SNS時代の今、増えているのです。

ほかにも、「今日、東京タワーに来ました」とタワーの写真をあげる若者がいます。ふつうに考えたら、真下からタワーを撮るか、自分も入れて撮ればいいのに、なぜか運転している車内から東京タワーを撮っています。そうすることで、ハンドルの一部が微妙に入る。そこには「BMW」とエンブレムが少し映り込んでいます。これは、テレビや写真で言うと、「見切れている」と言ってよくない撮り方ですが、実はこの見切れている部分にこそ、彼らの言いたいことが意図的に写されているわけです。私などはなかなかこの意図に気づきませんが、若者に教えられて、「ああ、そういう意味だったのか」と気づくわけです。

ですから、シールズのように正面から政治の話をしている、目立つ若者だけを見て、彼らのようなタイプが、新しく有権者になる若者の典型だと思ってしまうと、政治家も政党も、若者世代の一般的な実感を捉えそこないます。

このように、SNSでは本音を語りにくくなっていますが、もちろん、いつの時代でも会って話し合えば互《たが》いに本音を言い、語り合うことができるのは同じです。いずれにせよ、若者たちのスタンスや意識、あるいはニーズを知る手立てとして、SNSの位置づけを間《ま》違《ちが》えないようにすることが重要ではないでしょうか。

政治家がSNSで若者とつながるには

彼らは常にSNSを見ているわけですから、若者に働きかける時に、有効なツールであることは間違いありません。ご飯を食べていても、テレビを見ていても、彼らはスマホを手放しませんから。何かを伝えようとするならば利用すべきですが、ただ、使い方が難しいのです。伝えたいことがあっても、ガンガン自分の主張だけをつぶやいてしまえば、若者にフォローされることは少ないでしょう。されたとしても、それは若い世代を代表する反応ではないと判断すべきです。

では、政治家が若者とかかわりあっていくために、SNSでどのような発信をすると、好感を得られるのでしょうか。このことは、この世代のメンタリティーをそのまま映していますので、少し具体的に見てみたいと思います。

第3章にも出てきましたが、自分のキャラクターを出すとか、そういうつぶやきをSNS上にのせている政治家がいます。そんなこと政治と関係ないじゃないか、と上の世代は不快に思うかもしれないようなこと、例えば猫の写真をのせて「行ってきます！」とつぶやいたりしています。「なんだ、アイドル気取りか」と思う人もいるかもしれませんが、若い人たちの受け止め方は違います。その政治家が「お母さん目線」のコメントをすると、好感を持ったりとか、「お父さん」として子どものことを書いたりすると、若者たちは、「この人、家族のことをちゃんと考えているんだ」と受け止めます。

どんな時代でも、政治家が人間的な資質を問われることは変わりないにしても、おそらく、かつてより「まずは人間性」という傾向《けいこう》が強まっている気がします。

SNSは共感のメディアだとよく言われますが、若者の全体的な特徴としては、「憧《あこが》れ」よりも「共感」を重視するようになっています。ですから、舌鋒鋭《ぜっぽうするど》く、理路整然と政策を語る政治家に「クールだ」と言って憧れるよりも、「この人、わかるわー」とか「あるある～」という共感が、求められるようになっています。

国全体がどんどん経済発展している時は、多くの人が自分も変わっていける、成長できると思い、高飛車な態度で、難しい政策論議でも、なんとか自分も理解できるようになろうと思ったのでしょう。しかし、低成長、成熟社会になると、大上段に構えて何かを言われるより、「この地域にこういうものがあったほうがいいよね。わかるでしょ。みんなハッピーになるよね」と、近い目線で、身近な話を言われないと伝わりにくい時代になっているのです。

まずは自分と同じ生活領域を共有する人かどうかが、大きなウエイトを占《し》めています。「ああ、毎日この人、子どものことをつぶやいていて、いいお父さんだなあ。いいお父さんっていうことは、子どもに悪いような政策を出したりしないだろう」と、そう考えるのです。ですから、まずは「共感」できるベースがあるか、が判断以前の前提にあります。

嘘はどんどん暴かれる時代

では、ＳＮＳ上で、政策や政治的な主張を書いても仕方がないのかと言われれば、そうとも言えません。先に述べたように、今の若者たちは、あまり、ＳＮＳで政治の話をしたり、意見を表明したりはしませんが、共感した意見はリツイートはするし、そうしたリツイートは自然と回ってくるわけです。

リツイートとは、ツイッターに特化した話ですが、彼らがリツイートしたくなるような情報があります。政治に関心がない若者でも、友達が政治に関する情報をリツイートすると自分のタイムラインに出てきますから、「あ、この人、いいこと言うな」と、「いいね」ボタンを押すくらいはするでしょう。間接的な手法ではありますが、SNS上でも彼らに届くメッセージはあるのです。けれども、このような若者独特の繊細《せんさい》さに気づかないと、彼らとのコミュニケーションは成り立ちにくいのが現実です。ネット上の政治家の発信でよくあるのは、「ここで講演しました」と言って支持者に囲まれている写真をのせたりしていますが、若者にとってはほとんど無意味な情報でしょう。

また、SNSの時代とは、「嘘《うそ》はどんどん暴《あば》かれる時代」とも言えます。多くの人が検《けん》索《さく》をかけ、調べ、どんどん暴露《ばくろ》されてしまうのです。ですから、いかにオープンか、ということが重要になります。これは企業《きぎょう》でも政治家でも個人でも同じことです。

若い人たちの政治に対する印象は「汚《きたな》い世界」で、あまりいい印象は持っていないので、なおさらそうです。「正直さ」というのは、大人が思う以上に若者にとってはプライオリティの高い価値です。高度な見識や政治的判断力、あるいは政治的なパワーがあったとしても、その前に「正直さ」が問われます。

リーダー像について

選挙は自分たちの社会の未来をたくすリーダーを選ぶ仕組みですが、ここで若い人たちが求めるリーダー像を考えてみたいと思います。

例えをプロ野球にとってみると、戦後の「監督像《かんとく》」には変遷《へんせん》があります。

昭和の第一世代は、王《おう》監督、長嶋《ながしま》監督もそうですし、野村《のむら》監督、落合《おちあい》監督もそうですが、選手と監督の距離《きょり》は非常に大きなものがありました。指示はしっかり出す。頼《たよ》りがいもある。ついていけば大丈夫《だいじょうぶ》だとは思うけれども、怖《こわ》くて、自分とは距離のある存在です。

昭和の第二世代の監督は、原監督、栗山監督あたりでしょうか。選手と目線が近くなっています。前の世代の監督のような威厳《いげん》はないかもしれませんが、「頑張《がんば》れよ。応援《おうえん》するよ」というスタンスで、上司というよりも、兄貴に近い存在になっています。少し頼りないところもあるかもしれませんが、選手との距離はぐんと近くなっています。

今の若者は、あえて言えば、第三世代のリーダーを求めているのではないでしょうか。非常に難しい要求ですが、彼らが求めているのは、「頼りがいもあるけれども、距離も近い」リーダーです。第一世代の「頼りがい」もあるし、第二世代の「距離の近さ、親しみやすさ」もある。そんなリーダーが現実にどれくらいいるのかいないのかはさておき、彼らはそういう人を求めているのです。

時代も不安定なので、「いい人」だけではだめだと、彼らもよくわかっています。「いい人」だけど、この人についていったら、沈没《ちんぼつ》しちゃった、というのでは困ります。けれども、結果は出せるけれども「つべこべ言わずについてこい」という強烈《きょうれつ》なカリスマは、「一緒にいたら、心をやられてしまう」とも思うようになっているのでしょう。

試行錯誤した若者との接し方

私も実は悩《なや》みつつ、長い間若者たちと接してきました。若者研究を始めたばかりのころは、ひたすら若者に同調し、迎合《げいごう》していました。でも、若い子はそれだけでは魅力《みりょく》を感じてくれませんでした。今度は強烈に引っ張っていこうと思っていた時期もありました。でも、やり過ぎると、一部の子は大丈夫でしたが、全体的にはうまくいきませんでした。私の中では、今は第3ステージというところでしょうか。業務の場においては厳しく接する、しかし、プライベートでは一緒に同じ目線で遊ぶ。言ってみれば、そんなスタンスです。はっきり、ＯＮとＯＦＦを分けています。彼らは、私のことを「仕事の場では非常に厳しい人。それは責任があるからだし、自分たちの成長のことを考えていてくれるからだろう。けれども、遊びに行った時には、馬鹿にしたようなことを言っても怒らないし、だらしないところもいっぱいある」と、そんな受け止め方をしてくれているようです。

つまり若者の理想のリーダー像とは、置かれた状況《じょうきょう》や場は選びますが、結局、厳しさも優しさも自分のすべてを見せるしかないということなのかもしれません。少なくともそういうことを心がけています。

政党や政治家からのアプローチ

今の若者たちは、豊かな現状にあることを知りつつも、どの世代よりも将来不安の大きい時代を生きています。歳《とし》をとっている人間のほうが当然、先は短くなりますから、意識せずとも、どこかであと10年もてばいいなどと、思ってしまうものなのでしょう。若ければ若いほど、あと50年、60年と長く生きなければなりません。中途半端《ちゅうとはんぱ》なことでごまかし、止血しながらではやっていけないと、一番感じているのはいつの時代も若い人たちです。

ですから、表面的な若者の印象とは逆に思えるかもしれませんが、若い人たちには、「これは痛みを伴《ともな》うんだけれども、あなたがたが死ぬまでにはどうしてもやらなければならないことなんだ」と、きちんと向き合って語る政治家のほうが、聞き心地のよいことを言う政治家よりも、最終的には信頼《しんらい》を勝ち取るのではないでしょうか。

今の政治家や政党の若者へのアプローチを見ると、若者にこびるか、あるいはあまり若者を見ていないか、両極端《りょうきょくたん》な気がします。厳しいことも言いながら、同じ目線で接することが、何よりのアプローチでしょう。

将来不安が大きい時代とは、この人は信じてよいのかなど、嘘を見抜《みぬ》くセンスが必然的に養われます。見抜く力が強まっている時代、まともな政策論議ができる可能性が生まれてきた時代になってきているとも、言えるのではないでしょうか。

今は何を買うにも、スマホでいろんな情報を比較《ひかく》検討できます。聞き心地のいいことを言っても、それに対する反論も、簡単に見つけ出せます。

政治家の発言も、それに対する反論にはどういうものがあるのかが、簡単にわかってしまう時代です。そういう情報環境に生まれ育った若者たちは、何ごとも比較し、合理的な判断をすることに慣れています。18歳選挙をきっかけに冷静に判断できる有権者が育つ可能性が高いのです。

同時代の中でいつも若者は賢い

世代が若くなればなるほど、人間は有望になると私は信じているところがあります。正確に言うと、その時代に一番適応しているのは、若者であるということなのです。賢《かしこ》い「18歳選挙世代」たちが、有権者の中に入ってくるというのは、良識ある上の世代は喜ぶべきことなのです。若者との座談会で興味深かったのは、若者が「自分たちは政治のことをあまり知らない。そんな自分が選挙に行ってもいいのか」と語る一方で、「親と話したら絶望した」ということも言っていたことです。自分の親は「ある政治家と握手したから投票した」などと聞いて、「そんなレベルで投票してたのか」と驚《おどろ》くわけです。私も含《ふく》め、そういうレベルで投票してきた今までの日本人に比べると、「あの人、街頭演説でいいこと言うなぁと思ってネットで調べてみたら、こんな裏があったんだ！」と思ったりする若者たちには、根本的な次元で時代を変える可能性が出てきています。そもそも若者は、前述したように、未来のことを真剣に考えざるを得ない生き物なのです。現時点での日本の若者は、新聞を読まなくなったとか、政治離《ばな》れしているとか、表面的な部分では劣化《れっか》してきているように上の世代から評価されているのかもしれません。しかし、先行きの見えない不安の強い時代に生まれた今の若者は、むしろ最良の有権者になりうる可能性があると思っています。

若者が反抗せず、素直になったことの意味

戦後の若者は、常に何かに反抗《はんこう》してきました。「反抗」が若者らしさであるように思ってきた大人たちにとっては、今の若者は物足りなく感じるのかもしれません。彼らは、社

会にも親にも先生にも、あまり反抗しません。しかし、反抗とは、社会に甘《あま》えられる状況があるからできることです。親の庇護《ひご》のもとで、あるいは右肩《かた》上がりの社会の余力の中で、若気の至りが許され、甘えが許されてきたのではないでしょうか。でも、今の時代にはそんな余地はないのかもしれません。なのに、「今の若者は元気がない」と叩《たた》かれてしまっては、気の毒な気もします。

今の若者は、素直に、いい情報を自分にとり入れようと変わってきています。若者たちの素直さは、厳しい時代を生きる上での必要性から生まれてきたのではないでしょうか。

今から5年くらい前に、ある大学生が台湾のパソコンを持っていて、驚《おどろ》いたことがありました。「え、台湾製のパソコンなの?」と聞いたら、「何がダメなんですか」と聞き返されました。いつのまにか私は、日本製じゃなきゃダメだと思い込んでいたのです。まだ日本のパソコンが人気だった時代です。今でこそ、台湾のパソコンはどの量販店《りょうはんてん》でも売っていますが、当時はそうでもありませんでした。でも、彼らからしてみると、スペックで見ても、コストで見ても、「これは得じゃないか」と合理的な判断をしていただけなのです。

このことが象徴しているように、彼らは私たちの世代に比べ、あまり偏見《へんけん》を持たず、フラットに判断しているように思えます。いいと思ったものを選択《せんたく》できる土壌《どじょう》があり、よいものを素直に受け入れられる柔軟性《じゅうなんせい》を感じます。しがらみや偏見を持っていては、判断を誤り、生きていけない時代なのかもしれません。それは、この国の危機的な状況を映していると同時に、変化への大きなチャンスでもあります。

もしかすると、本当の意味での「民主主義」が、初めて実現できる可能性を秘《ひ》めている世代が誕生したのかもしれません。「18歳選挙世代」とたくさんの出会いを得て、語り合う中で、そんな気持ちが強くなっています。

最後に。

私にとって「政治を考える」という新しいチャレンジの機会を与えてくださり、私の第一作である『10代のぜんぶ』の執筆《しっぴつ》の機会をくださったポプラ社の野村さん、編集者の木村さん、構成の南雲さん。

そして、「18歳選挙権」について一緒に議論してくれた若者研メンバーを中心とした若者たちにも心から感謝を。

「18歳選挙権」が実現される次の参議院選が、若者たちが社会を考える単なる「点」で終わらず、彼らが読者の皆様《みなさま》を含めた多くの上の世代の日本人と手を携《たずさ》え、不安な将来を吹き飛ばし、自分たちの未来を真剣《しんけん》に考え続ける「線」の「始点」となり、日本社会が明るくダイナミックに変わっていくことを期待しています。

2016年5月　原田曜平

本書は２０１６年６月に『18歳選挙世代は日本を変えるか』として、ポプラ新書より刊行したものを、ルビを加え選書化したものになります。

構成：南雲つぐみ

★原田曜平（はらだ・ようへい）

1977年東京都生まれ。慶応義塾大学商学部卒業。博報堂入社後、ストラテジックプランニング局、博報堂生活総合研究所、研究開発局を経て、現在、博報堂ブランドデザイン若者研究リーダーを務める。大学生や20代の社会人と一緒に、若者の消費行動について調査・分析し、次世代に流行るものをいち早く紹介するほか、マーケッターの立場から、現代がどのような時代なのかを読み解く。著書に『近頃の若者はなぜダメなのか』（光文社新書）、『さとり世代』（角川oneテーマ21）、『ヤンキー経済』（幻冬舎新書）、『パリピ経済』（新潮新書）、『平成トレンド史』（角川新書）などがある。

未来へのトビラ
A Door to the Future

ポプラ選書　未来へのトビラ
18歳選挙世代は日本を変えるか

2018年4月　第1刷発行
2020年6月　第2刷

著者　原田曜平
発行者　千葉 均
編集　木村やえ
発行所　株式会社 ポプラ社
〒102-8519 東京都千代田区麹町4-2-6
電話 03-5877-8109(営業)03-5877-8112 (編集)
一般書事業局ホームページ www.webasta.jp
ブックデザイン　bookwall
印刷・製本　中央精版印刷株式会社

N.D.C.314/242P/19cm ISBN978-4-591-15792-3

『教養としての10年代アニメ』

町口哲生 Tetsuo Machiguchi

人気アニメをもっと深く、楽しむために

教養という概念は「人格は形成されるもの」という考えと結びついている。人格を形成する役割はかつて哲学や純文学が担ってきたが、ゼロ年代になると若者に対するポップカルチャーの影響は無視できないものとなった。本書では、教養として「10年代アニメ」を分析することで、現代社会や若者文化について理解を深めていく。

未来へのトビラ A Door to the Future　　ポプラ選書　好評既刊

『世界史で読み解く現代ニュース』

池上彰 Akira Ikegami
増田ユリヤ Julia Masuda

世界史は、思わぬ因果が錯綜する。それが面白い。

中東紛争の焦点となっている組織「イスラム国」とオスマン帝国、中国が主張するシーレーン戦略と永楽帝が推進した大航海。ニュースを理解するには世界史の知識が必須です。長く高校で歴史を教えてきた増田ユリヤが、世界史をわかりやすく解説し、池上彰がその世界史が、現代とどうつながっているかを解き明かします。ニュースへの理解がぐっと深まる一冊。

『補欠廃止論』

セルジオ越後 Sergio Echigo

どんなスポーツでも平等の権利を与えるのが当たり前

サッカーの辛口解説者として知られる著者が長きにわたり訴えているのが、部活動における「補欠制度の廃止」である。世界のスポーツ社会には「補欠」という言葉は存在しないとまで言い切り、日本のスポーツが世界で活躍できないのは、「補欠制度」が原因と訴える。学校教育とスポーツを変える新提言。

『一点突破　岩手高校将棋部の勝負哲学』

藤原隆史 Takashi Fujiwara
大川慎太郎 Shintaro Okawa

エリートじゃなくたって、てっぺんを獲れる。

いたってマイペースな校風の中高一貫男子校・岩手高校が、「頭脳の格闘技」といわれる高校棋会で頂点を極めた背景には常識破りの勝負哲学があった――。たった3人でゼロから始めた弱小クラブを全国屈指の強豪に育てあげた名顧問が、生徒たちと歩んできた20年間を振り返って独自の指導論を語る。